天天出版社
人民文学出版社

国学里的中国

读懂中国的智慧

石延博 编著

姓

前言

中国自古就重视对儿童的早期教育，通过这种教育，可以达到启迪儿童智慧，培育儿童品德，使之健康成长的目的，这种教育被称为“启蒙”。

中国古代的启蒙教材历史悠久，形式多样，《百家姓》就是其中较有代表性的一种。中国人有非常浓厚的宗族观念，十分看重自己的姓氏。但在古代，姓与氏有着严格的区分。姓产生于母系氏族社会，同姓表示同一母系的血缘关系。氏产生于姓之后，到父系氏族社会，氏成为父系氏族或部落的标志。夏商周以后，姓氏合而为一，只用于区别婚姻关系，即便如此，人们仍能从姓氏中获取宗族的历史背景与相关信息，可以说一个姓氏就是一个宗族的旗帜、象征。

既然姓氏是每个人每天必须面对的，将这些常用姓氏编为启蒙教材，便是古人早就关心的事了。早在西汉，黄门令史游著有《急就篇》，以三言诗的形式，将常用姓氏编为 134 句，以便人们尤其是幼童记诵。此后，人们进行了

更多尝试，历代均有姓氏著作问世。

早期的《百家姓》收录常用姓氏410个，现在见到的最为普及的版本收录姓氏438个。在民间广为流传的则是图文并茂的《增广百家姓》，收录姓氏504个。尽管明朝有《皇明千家姓》，清朝有《御制百家姓》，但流行最广的当数北宋钱氏编著的以“赵钱孙李”开篇的《百家姓》。该书家喻户晓，成为儿童启蒙的必读之书。

《百家姓》虽然都是由孤立的单字组织起来，相互之间没有意义联系，但由于采用了四言诗的形式，不仅句句押韵，而且通篇音调和谐优美。当儿童们读到自己的姓氏或别人的姓氏时，都会觉得无比亲切，乐趣无穷。

为了方便儿童学习这部传统启蒙读本，我们挑选了90个常见姓氏，每个姓氏都增加了历代名人、姓氏溯源及名人故事等栏目。尤其值得一提的是，每则故事还配有原汁原味的古代插画，或反映当时生活情境的文物图片，以尽量还原该人物的精神风貌，从而使小朋友更好地了解每个姓氏的渊源和辉煌历史。相信小朋友在阅读过程中，一定会找到很多乐趣，并不断地进步。

目录

战国青铜蟠螭纹盖鼎

清嘉庆青花云龙戏珠纹葫芦瓶

王莽铸大布黄千货币

唐三彩马

唐银壳葵花形海兽葡萄镜

清顺治青花五彩将军罐

东汉铜奔马

清乾隆五彩龙凤纹碗

清康熙五彩三国故事图大盘

清焦秉贞绘《历朝贤后故事图》之《麟趾贻休》

zhào

赵

历代名人

赵武灵王：战国时赵国君主，积极推行“胡服骑射”政策，使赵国成为强国。

赵　　云：三国时蜀汉名将，为刘备屡立战功。

赵 匡 胤：北宋开国皇帝。

姓氏溯源

赵姓主要有两种来源，一是出自嬴（yíng）姓伯益之后，周穆王将赵城（今山西洪洞北）赐给为他驾车的造父，从此以后，造父的后代便以封邑为姓，世代姓赵。二是出自为少数民族改姓。

故事

陈桥兵变

gōng yuán nián zhēng yuè qì
公元960年正月，契
dān huì hé běi hàn jūn duì rù qīn hòu zhōu
丹会合北汉军队入侵后周，
zhōu gōng dì pài dà jiàng zhào kuāng yìn shuài jìn
周恭帝派大将赵匡胤率禁
jūn qián qù dǐ kàng chū sān nà tiān dà
军前去抵抗。初三那天，大
jūn zhù zhā zài chén qiáo yì jiàng shì men jù
军驻扎在陈桥驿。将士们聚
zài yì qǐ shāng liang shuō xiàn zài huáng dì
在一起商量说：“现在皇帝
nián yòu bù néng qīn zì chǔ lǐ zhèng shì
年幼，不能亲自处理政事，

清人绘《历代帝王圣贤名臣大儒遗像》中的宋太祖赵匡胤画像

wǒ men pīn sǐ wèi guó jiā dǎ zhàng shéi néng zhī dào wǒ men de gōng jì ne dào
我们拼死为国家打仗，谁能知道我们的功绩呢？倒
bù rú xiān lì diǎn jiǎn zhào kuāng yìn dāng shí rèn diàn qián dū diǎn jiǎn wéi tiān
不如先立点检（赵匡胤，当时任殿前都点检）为天
zǐ rán hòu zài běi zhēng yě wéi shí bù wǎn zhào pǔ hé zhào guāng yì jiàn dà
子，然后再北征也为时不晚。”赵普和赵光义见大
shì yǐ wú fǎ zǔ zhǐ biàn pài rén lián luò jīng chéng zhōng de shí shǒu xìn děng rén
势已无法阻止，便派人联络京城中的石守信等人，
ràng tā men sì jī jiē yìng
让他们伺机接应。

chū sì lí míng jiàng shì men shēn chuān kǎi jiǎ shǒu ná wǔ qì jiāng zhèng
初四黎明，将士们身穿铠甲，手拿武器，将正
zài shuì jiào de zhào kuāng yìn jiào xǐng fú chū tīng táng bìng bǎ huáng páo zhào zài tā
在睡觉的赵匡胤叫醒，扶出厅堂，并把黄袍罩在他
de shēn shang zhào kuāng yìn tuī cí yì fān hòu gū jì wú fǎ tuī bì yú shì hé
的身上。赵匡胤推辞一番后，估计无法推避，于是和
dà jiā yuē fǎ sān zhāng
大家约法三章，
bù xǔ qī wǔ zhōu dì hé
不许欺侮周帝和
tài hòu yǐ jí gōng qīng dà
太后以及公卿大
chén bù xǔ lüè duó guān
臣，不许掠夺官
fǔ chǔ cáng de cái wù
府储藏的财物，
dà jiā biǎo shì tóng yì
大家表示同意。
yú shì zhào kuāng yìn
于是，赵匡胤
shuài jūn huí dào jīng chéng
率军回到京城，
jiù zhè yàng zuò le dà sòng
就这样做了大宋
de kāi guó huáng dì
的开国皇帝。

明仇英绘《帝王道统万年图册》之《宋太祖城门洞开》，讲述宋太祖汴京新宫落成，令城门洞开，认为自己的一点缺陷天下人都会看到的故事

qián

钱

历代名人

钱　起：唐朝诗人，“大历十才子”之一。

钱　俶：五代吴越国国君。

钱大昕：清朝学者，治学涉猎广泛，在音韵训诂及史学方面多有创见。

姓氏溯源

钱姓起源比较单一，其远祖为陆终，陆终的三儿子叫彭祖，彭祖的后代中有个叫彭孚的，在西周时担任钱府上士（掌管钱财的官），他的后人便以官为姓，世代相传。

故事

吴越王钱俶

táng cháo mò nián jié dù shǐ qián liú gē
唐朝末年，节度使钱镠割
jù liǎng zhè hòu bèi zhū wēn de hòu liáng zhèng quán
据两浙，后被朱温的后梁政权
fēng wéi wú yuè wáng zhè shì lì shǐ shang wéi yī
封为吴越王，这是历史上唯一
de qián shì zhèng quán chuán dào sūn zi qián chù
的钱氏政权。传到孙子钱俶
shí běi fāng zhōng yuán dì qū yǐ shì sòng cháo de
时，北方中原地区已是宋朝的
tiān xià wú yuè wáng qián chù wèi tǎo hǎo sòng cháo
天下，吴越王钱俶为讨好宋朝，
céng liǎng cì dào kāi fēng jìn jiàn huáng dì jù
曾两次到开封觐见皇帝。据

清人绘《历代名臣像解》中的钱镠画像

shuō háng zhōu xī hú biān bǎo chù shān shang de bǎo chù tǎ jiù shì wèi le bǎo yòu qián
说，杭州西湖边保俶山上的保俶塔就是为了保佑钱
chù néng píng ān huí lái ér jiàn zào de
俶能平安回来而建造的。

qián chù dì yī cì rù sòng shòu dào sòng tài zǔ zhào kuāng yìn de rè qíng kuǎn
钱俶第一次入宋，受到宋太祖赵匡胤的热情款
dài fū rén hái bèi fēng wéi wú yuè guó wáng fēi dāng shí xǔ duō rén shàng shū yāo
待，夫人还被封为吴越国王妃。当时许多人上书要
qiú kòu liú qián chù dàn dōu bèi sòng tài zǔ jù jué qián chù dì èr cì rù sòng
求扣留钱俶，但都被宋太祖拒绝。钱俶第二次入宋
shí sòng tài zōng yǐ jīng jí wèi cǐ shí nán táng yǐ miè wáng gē jù fú jiàn
时，宋太宗已经即位，此时南唐已灭亡，割据福建
zhāng zhōu quán zhōu de chén hóng yě xiàng sòng cháo xiàn shàng gē jù zhī dì qián chù
漳州、泉州的陈洪也向宋朝献上割据之地。钱俶
hài pà le shàng biǎo qǐng qiú fèi diào cháo tíng suǒ fēng de wú yuè guó bìng miǎn qù
害怕了，上表请求废掉朝廷所封的吴越国，并免去
tiān xià bīng mǎ dà yuán shuài de zhí wù sòng tài zōng bù dā ying qián chù jiàn dà shì yǐ qù zhǐ hǎo xiàn chū zì jǐ suǒ xiá de liǎng zhè shí sān zhōu dì qū hé jūn duì dàn sòng tài zōng réng bǎ tā kòu liú zài kāi fēng shǐ zhōng méi yǒu ràng tā huí háng zhōu
天下兵马大元帅的职务，宋太宗不答应。钱俶见大势已去，只好献出自己所辖的两浙十三州地区和军队。但宋太宗仍把他扣留在开封，始终没有让他回杭州。

明高濂撰《四时幽赏录》中的保俶塔插图

sūn

孙

历代名人

孙　武：春秋末年军事家，所著《孙子兵法》备受世人推崇。

孙　膑：战国时军事家，著有《孙膑兵法》。

孙　权：三国时吴国开国皇帝。

孙思邈：唐朝医学家，著有《千金要方》。

姓氏溯源

孙姓有五种来源：一是出自芈（mǐ）姓，楚国令尹孙叔敖的后代即为此支。二是出自姬姓，为卫国国君康叔的后代。三是出自妫（guī）姓。四是出自子姓。五是出自外姓及少数民族改姓。

故事

孙庞斗智

zhàn guó shí sūn bìn yǔ páng juān yì qǐ
战国时，孙膑与庞涓一起
xué xí bīng fǎ páng juān dào wèi guó zuò guān hòu
学习兵法。庞涓到魏国做官后，
shí fēn jì du sūn bìn de cái huá ràng rén bǎ tā
十分忌妒孙膑的才华，让人把他
piàn dào wèi guó zhǎo jiè kǒu chǔ yǐ bìn xíng qù
骗到魏国，找借口处以膑刑（去
xī gài gǔ hòu lái sūn bìn táo dào qí
膝盖骨）。后来，孙膑逃到齐
guó jīng tián jì tuī jiàn bèi qí wēi wáng rèn
国，经田忌推荐，被齐威王任

明人绘孙膑画像

命为军师。

当时，魏国攻赵，孙膑用围魏救赵之策打败了庞涓。不久，魏国又进攻韩国，齐威王派田忌去救韩国。孙膑指挥齐军直逼魏都大梁，庞涓只好撤军救魏。孙膑利用魏军轻敌的心理，采用每日减少锅灶的计谋，引诱庞涓上当。庞涓果然以为齐军胆小，于是舍弃步兵，只率少数骑兵日夜追赶。追到一个叫马陵的山谷时，庞涓发现一棵树上写着“庞涓死于此树下”，才知道自己上了孙膑的当，但为时已晚，庞涓最终死于乱箭之下。

明刻本《元曲选图・马陵道》插图《庞涓夜走马陵道》，描绘孙膑伏兵马陵道大败庞涓的场景

lǐ

李

历代名人

李　耳：即老子，春秋时思想家，道家的创始人，著有《道德经》。

李　冰：战国时水利家，修建了都江堰。

李世民：即唐太宗，统治时为唐朝盛世，史称“贞观之治”。

李　白：唐朝浪漫主义诗人。

姓氏溯源

李姓来源有三种：一是出自嬴姓，为颛顼（zhuān xū）帝高阳氏的后裔，以官为姓。二是出自他族改姓，三国时诸葛亮平哀牢夷后，赐当地少数民族李姓等。三是出自他姓改姓，如唐朝许多功臣都被赐予李姓。

故事

贞观之治

suí cháo mò nián de nóng mín qǐ yì
隋朝末年的农民起义
chén zhòng de dǎ jī le fēng jiàn tǒng zhì
沉重地打击了封建统治，
wèi shè huì de jìn yí bù fā zhǎn sǎo qīng le
为社会的进一步发展扫清了
zhàng ài táng tài zōng lǐ shì mín tǒng zhì
障碍。唐太宗李世民统治
de zhēn guàn nián jiān jí shí zǒng jié suí
的贞观年间，及时总结隋

明刻本《古先君臣图鉴》中的唐太宗画像

朝灭亡的教训，勤于政事，励精图治，轻刑简政，休养生息，继续推行均田制和科举制，而且他的大臣房玄龄、杜如晦、魏徵等人也各有所长。

唐太宗还能认真听取批评意见，善于纳谏。魏徵认为，能够听取各方面意见的帝王，通常比较明智，而一意孤行、偏听偏信的帝王，难免就会昏庸。唐太宗很赞同他的观点，鼓励大小官员发表不同看法，他曾多次听取魏徵的批评，并加以改正。在他统治期间，政治清明，社会安定，封建经济得到迅速恢复和发展，天下出现了一片太平景象，历史上把这一时期称为“贞观之治”。

魏徵是唐代著名谏臣，曾提醒唐太宗要“居安思危，戒奢以俭”。一日，太宗得到一只极好的鹞子，正在玩耍，恰逢魏徵来奏事。太宗怕魏徵看见，把鹞子藏在怀中，时间一久，竟把鹞子闷死了。此图为清人绘《帝鉴图说》之《敬贤怀鹞》，讲述了唐太宗和魏徵之间的这个故事

zhōu

周

历代名人

周亚夫：西汉名将，战功卓著，后升任丞相。

周　瑜：三国时东吴名将，与刘备联合，在赤壁之战中大败曹操。

周敦颐：北宋哲学家。

姓氏溯源

周姓有三种来源：一是出自黄帝时将军周昌的后代。二是出自姬姓，始祖为周文王，周朝的许多王族后来都以周为姓。三是出自他姓或他族改姓。

故事

火烧赤壁

cáo cāo tǒng yī běi fāng hòu wèi
曹操统一北方后，为
tǒng yī quán guó yú nián shuài lǐng
统一全国，于208年率领
èr shí wàn dà jūn nán xià zhí zhǐ jīng
二十万大军南下，直指荆
zhōu liú bèi tuì zhù xià kǒu yǔ sūn
州。刘备退驻夏口，与孙
quán lián hé gòng tóng kàng jī cáo jūn
权联合，共同抗击曹军。
cáo jūn yóu yú yuǎn dào ér lái bìng qiě
曹军由于远道而来，并且

清人绘周瑜画像

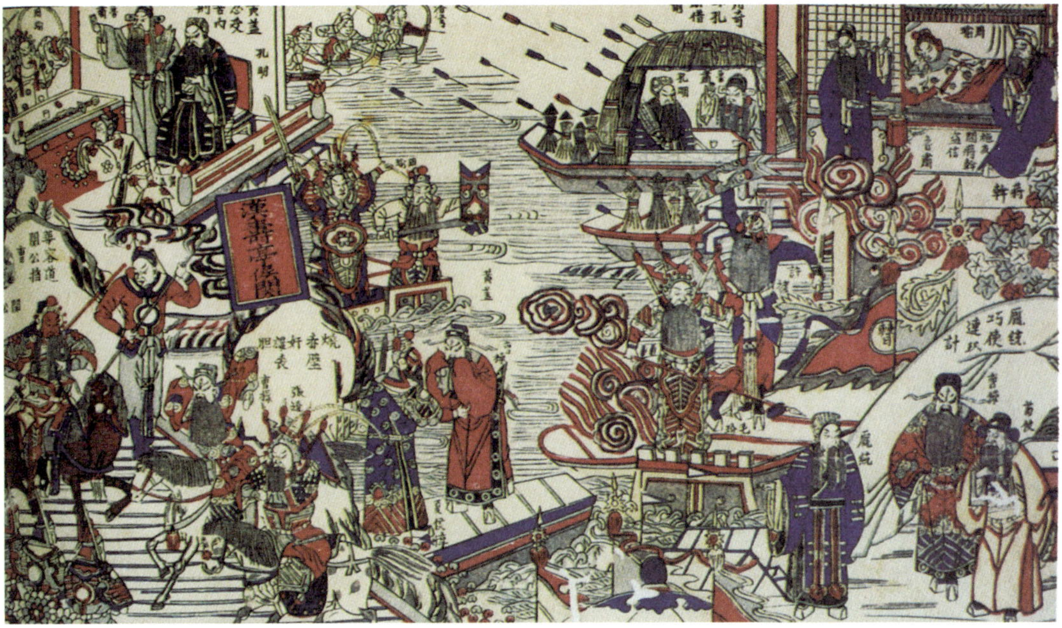

清末年画《新绘三国志前本曹兵百万下江南》，全景展示了赤壁大战的过程

bù xí shuǐ zhàn suǒ yǐ cǎi nà páng tǒng de jiàn yì jiāng zhàn chuán yòng tiě suǒ
不习水战，所以采纳庞统的建议，将战船用铁索
lián zài le yì qǐ zhōu yú zé zhǔn bèi yòng huǒ gōng cáo jūn tā cǎi nà bù jiàng
连在了一起。周瑜则准备用火攻曹军，他采纳部将
huáng gài de zhà xiáng zhī jì chèn zhe yè sè bǎ zhuāng yǒu yì rán wù pǐn de
黄盖的诈降之计，趁着夜色，把装有易燃物品的
chuán zhī kāi xiàng cáo yíng dāng shí tiān guā zhe dōng nán fēng huǒ jiù fēng shì xùn
船只开向曹营。当时天刮着东南风，火就风势，迅
sù jiāng cáo jūn de chuán zhī yǐn rán sūn liú lián jūn chèn shì shuǐ lù bìng jìn dà bài
速将曹军的船只引燃。孙刘联军趁势水陆并进，大败
cáo jūn cáo cāo láng bèi de táo huí běi fāng
曹军，曹操狼狈地逃回北方。

chì bì zhī zhàn shì zhōng guó lì shǐ shang yǐ shǎo shèng duō de jīng diǎn zhàn lì
赤壁之战是中国历史上以少胜多的经典战例，
cóng cǐ yǐ hòu sān guó dǐng lì de jú miàn jī běn xíng chéng
从此以后，三国鼎立的局面基本形成。

wú

吴

历代名人

吴　起：战国时军事家。

吴　广：秦末农民起义领导者之一。

吴承恩：明朝小说家，著有《西游记》。

吴敬梓：清朝小说家，著有《儒林外史》。

姓氏溯源

吴姓有两种来源：一是出自姬姓，始祖为周代的泰伯，曾在江苏无锡一带建立吴国，吴国灭亡后，其子孙以国为姓。二是出自虞姓，相传周文王封仲雍的后代于虞国，虞人中后来有姓吴的。

故事

大泽乡起义

qín èr shì tǒng zhì de shí hou qín cháo de fǎ lǜ yán kē guān lì cán bào
秦二世统治的时候，秦朝的法律严苛，官吏残暴，
bǎi xìng yuàn shēng zài dào gōng yuán qián nián yuè
百姓怨声载道。公元前209年7月，
qín èr shì zhēng fā huái hé yí dài de jiǔ bǎi duō míng pín kǔ nóng
秦二世征发淮河一带的九百多名贫苦农
mín dào yú yáng qù shǒu biān zǒu dào qí xiàn dà zé xiāng shí
民到渔阳去守边，走到蕲县大泽乡时，
zāo yù bào yǔ yóu yú dào lù bù tōng bù néng àn shí dào
遭遇暴雨，由于道路不通，不能按时到
dá yú yáng àn zhào dāng shí de fǎ lǜ guī dìng dān wu rì
达渔阳。按照当时的法律规定，耽误日
qī shì yīng dāng zhǎn shǒu de chén shèng hé wú guǎng shāng liang
期是应当斩首的。陈胜和吴广商量，

秦始皇陵兵马俑

天津杨柳青年画《宇宙锋》，讲述秦二世重用宦官赵高，残害忠臣匡扶，匡氏全家仅匡忠逃脱。秦二世看上匡忠之妻赵女艳容，欲纳为妾，赵女碎衣毁容，佯装疯癫，得以保全清白

héng shù shì sǐ bù rú qǐ lái fǎn kàng yú shì tā men shā sǐ fù zé yā sòng de
横竖是死，不如起来反抗。于是他们杀死负责押送的
jiàng wèi jǔ xíng qǐ yì qǐ yì jūn dé dào bǎi xìng de yōng hù hěn kuài fā zhǎn
将尉，举行起义。起义军得到百姓的拥护，很快发展
dào shù wàn rén bù jiǔ hái jiàn lì le zhāng chǔ zhèng quán
到数万人，不久还建立了“张楚”政权。

jiē zhe tā men bīng fēn sān lù jìn gōng guān zhōng yóu yú qín jiàng zhāng
接着，他们兵分三路进攻关中，由于秦将章
hán de fǎn pū wú guǎng zhàn bài hòu bèi bù jiàng suǒ shā chén shèng yě bèi chē fū
邯的反扑，吴广战败后被部将所杀，陈胜也被车夫
shā sǐ qǐ yì shī bài dàn dà zé xiāng qǐ yì jiā sù le qín cháo de miè wáng
杀死，起义失败。但大泽乡起义加速了秦朝的灭亡，
ér qiě duì hòu shì chǎn shēng le jí dà yǐng xiǎng
而且对后世产生了极大影响。

zhèng

郑

历代名人

郑　国：战国时水利家，修建了郑国渠。

郑　和：明朝航海家，曾率船队七次下西洋。

郑成功：明末清初民族英雄，从荷兰人手中收复了台湾。

姓氏溯源

郑姓来源比较单一，主要出自姬姓，其远祖为郑桓公。郑国是春秋初期的强国，后为韩国所灭。郑桓公的后人迁居至陈、宋之间，以国为姓，世代姓郑。

故事

郑成功收复台湾

nián hé lán zhí mín zhě rù
1624 年，荷兰殖民者入
qīn zhōng guó tái wān xiān hòu jiàn lì tái wān
侵中国台湾，先后建立台湾
chéng hé chì qiàn chéng duì tái wān rén mín
城和赤嵌城，对台湾人民
jìn xíng zhí mín tǒng zhì yǐn qǐ gè zú mín
进行殖民统治，引起各族民
zhòng de bù mǎn
众的不满。

nián zhèng chéng gōng shuài
1661 年，郑成功率

清黄梓绘郑成功画像

荷兰殖民者向郑成功投降图

lǐng èr wàn wǔ qiān rén fēn chéng dà xiǎo shù bǎi sōu zhàn jiàn xiàng tái wān jìn fā
领二万五千人，分乘大小数百艘战舰，向台湾进发。
zài lù ěr mén dēng lù hòu shòu dào tái wān mín zhòng de rè liè huān yíng jīng guò
在鹿尔门登陆后，受到台湾民众的热烈欢迎。经过
jī liè de hǎi zhàn hé lù zhàn zhèng chéng gōng gōng xià chì qiàn chéng hé lán jūn
激烈的海战和陆战，郑成功攻下赤嵌城，荷兰军
shǒu lǐng kuí yī tóu xiáng zhèng chéng gōng shōu fù bèi hé lán bà zhàn jìn sì shí nián
首领揆一投降，郑成功收复被荷兰霸占近四十年
de bǎo dǎo tái wān cǐ hòu zhèng chéng gōng yǐ tái wān wéi kàng qīng gēn jù dì
的宝岛台湾。此后，郑成功以台湾为抗清根据地，
shè zhì fǔ xiàn jiàn lì xíng zhèng jī gòu bìng zhāo mù dà lù jū mín dào tái wān kěn
设置府县，建立行政机构，并招募大陆居民到台湾垦
huāng tún tián pài qiǎn hàn zú nóng shī dào gāo shān zú jù jū dì qū tuī guǎng xiān jìn
荒屯田，派遣汉族农师到高山族聚居地区推广先进
shēng chǎn jì shù cù jìn le tái wān dì qū shè huì jīng jì de fā zhǎn
生产技术，促进了台湾地区社会经济的发展。

wáng

王

历代名人

王　充：东汉唯物主义哲学家，著有《论衡》。

王羲之：东晋书法家，人称“书圣”。

王　维：唐朝诗人。

王安石：北宋政治家、文学家、思想家，宋神宗时曾主持变法。

姓氏溯源

王姓出自几种王族：一是出自姬姓，为周文王、周灵王、周平王的后裔。二是出自妫（guī）姓，为齐王田和的后代。三是出自子姓，为商朝王子比干的后代。

故事

书圣王羲之

wáng xī zhī shì zhōng guó gǔ dài zhù míng
王羲之是中国古代著名
shū fǎ jiā hěn xiǎo de shí hou jiù kāi shǐ liàn
书法家，很小的时候就开始练
zì qī suì shí zì yǐ jīng xiě de hěn bú
字，七岁时，字已经写得很不
cuò le yǒu yì tiān tā zài fù qīn de zhěn
错了。有一天，他在父亲的枕
tou xià fā xiàn yì běn jiào bǐ dú de
头下发现一本叫《笔读》的
shū lǐ miàn jiǎng de dōu shì yǒu guān xiě zì
书，里面讲的都是有关写字

清任伯年绘《羲之观鹅图》（局部）

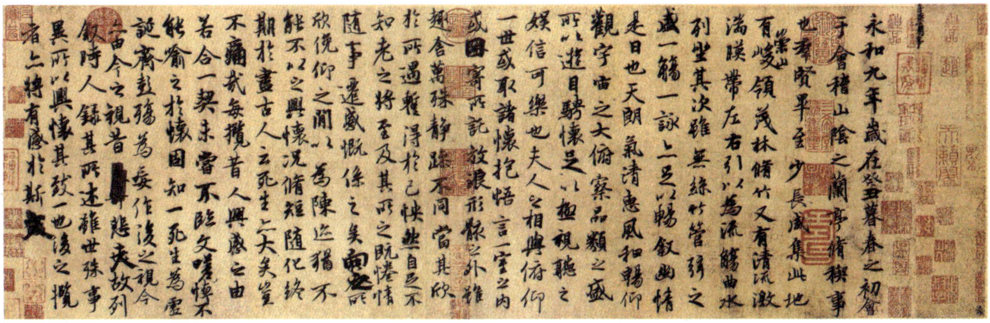
永和九年歲在癸丑暮春之初會于會稽山陰之蘭亭脩稧事也群賢畢至少長咸集此地有崇山峻領茂林脩竹又有清流激湍暎帶左右引以為流觴曲水列坐其次雖無絲竹管弦之盛一觴一詠亦足以暢敘幽情是日也天朗氣清惠風和暢仰觀宇宙之大俯察品類之盛所以遊目騁懷足以極視聽之娛信可樂也夫人之相與俯仰一世或取諸懷抱悟言一室之內或因寄所託放浪形骸之外雖趣舍萬殊靜躁不同當其欣於所遇暫得於己快然自足不知老之將至及其所之既惓情隨事遷感慨係之矣向之所欣俛仰之間以為陳迹猶不能不以之興懷況脩短隨化終期於盡古人云死生亦大矣豈不痛哉每攬昔人興感之由若合一契未嘗不臨文嗟悼不能喻之於懷固知一死生為虛誕齊彭殤為妄作後之視今亦猶今之視昔悲夫故列敘時人錄其所述雖世殊事異所以興懷其致一也後之攬者亦將有感於斯文

王羲之书法传世之作《兰亭集序》

de fāng fǎ tā rú huò zhì bǎo tōu tōu de yuè dú qǐ lái fù qīn rèn wéi zhè
的方法。他如获至宝，偷偷地阅读起来。父亲认为这
běn shū tài nán bú shì hé tā dú wáng xī zhī què rèn wéi zhǐ yǒu zhǎng wò
本书太难，不适合他读。王羲之却认为，只有掌握
yí dìng de fāng fǎ cái néng yǒu suǒ jìn bù yú shì àn zhào shū zhōng jiǎng de fāng
一定的方法，才能有所进步，于是按照书中讲的方
fǎ liàn xí xiě zì guǒ rán qǔ dé xiǎn zhù de jìn bù
法练习写字，果然取得显著的进步。

wáng xī zhī cóng yòu nián kāi shǐ liàn zì zhí dào qù shì kǔ liàn le
王羲之从幼年开始练字，直到去世，苦练了
wǔ shí duō nián jù jì zǎi zài zhè
五十多年。据记载，在浙
jiāng lán tíng jí jiāng xī lú shān děng dì dōu
江兰亭及江西庐山等地都
yǒu tā liàn zì shí yòng de mò chí yóu
有他练字时用的墨池。由
yú qín xué kǔ liàn wáng xī zhī zuì
于勤学苦练，王羲之最
zhōng xíng chéng zì jǐ de dú tè fēng gé
终形成自己的独特风格，
yì qiān duō nián lái tā de zuò pǐn yì
一千多年来，他的作品一
zhí shì hòu rén xué xí shū fǎ lín mó de
直是后人学习书法临摹的
fàn běn
范本。

清人绘王羲之画像

féng

冯

历代名人

冯　媛：战国游士，曾辅佐孟尝君。

冯　异：东汉将军，军中号“大树将军”。

冯梦龙：明朝文学家、戏曲家，著有“三言”（《喻世明言》《警世通言》《醒世恒言》）。

姓氏溯源

冯姓主要有两种来源，一是出自姬姓，周文王的儿子毕公高有个后裔叫毕万，被封在魏地。他的孙子长卿被封在冯城，长卿的子孙以采邑为姓，世代姓冯。二是出自归姓，春秋时郑国有个大夫叫冯简子，因封邑在冯而得姓。

故事

冯煖收债

zhàn guó shí　qí guó xiàng guó mèng cháng jūn jiā li yǎng le xǔ duō mén kè　qí zhōng yǒu yí gè jiào féng xuān de　yì zhí méi yǒu yǐn qǐ mèng cháng jūn de zhù yì　féng xuān biàn tán zhe jiàn bǐng chàng zhe shuō chī fàn méi yǒu yú　mèng cháng jūn zhī dào hòu　tí gāo tā de dài yù

战国时，齐国相国孟尝君家里养了许多门客，其中有一个叫冯煖的，一直没有引起孟尝君的注意，冯煖便弹着剑柄唱着说吃饭没有鱼。孟尝君知道后，提高他的待遇，

近代马骀绘《古今人物画谱》中的冯煖画像，描绘冯煖弹剑而歌的场景

cǐ hòu hái mǎn zú tā yào chē de qǐng qiú féng xuān bú zài shuō shén me
此后还满足他要车的请求，冯煖不再说什么。

yǒu yí cì mèng cháng jūn pài féng xuān dào fēng dì xuē dì qù shōu zhài lín
有一次，孟尝君派冯煖到封地薛地去收债，临
zǒu shí féng xuān wèn mèng cháng jūn shì fǒu xū yào dài xiē dōng xi huí lái mèng cháng
走时冯煖问孟尝君是否需要带些东西回来。孟尝
jūn shuō nǐ kàn zhe bàn ba wǒ quē shǎo shén me nǐ jiù dài xiē shén me huí
君说："你看着办吧，我缺少什么你就带些什么回
lái ba féng xuān dào le xuē dì hòu jiāng zhài quàn quán bù shāo huǐ dé dào
来吧！"冯煖到了薛地后，将债券全部烧毁，得到
bǎi xìng de rè liè yōng hù dāng mèng cháng jūn wèn féng xuān dài huí shén me shí
百姓的热烈拥护。当孟尝君问冯煖带回什么时，
féng xuān shuō wǒ dài huí le
冯煖说："我带回了
yì mèng cháng jūn hěn bù
'义'。"孟尝君很不
gāo xìng dàn méi yǒu shuō shén me
高兴，但没有说什么。
yì nián hòu mèng cháng jūn bèi
一年后，孟尝君被
miǎn qù xiàng guó de zhí wù zhǐ
免去相国的职务，只
hǎo fǎn huí xuē dì dāng dì bǎi
好返回薛地。当地百
xìng tīng shuō hòu fú lǎo xié yòu
姓听说后，扶老携幼
huān yíng tā féng xuān shuō zhè
欢迎他。冯煖说："这
jiù shì wǒ gěi nín dài huí yì
就是我给您带回'义'
de yàn zhèng mèng cháng jūn zhè
的验证。"孟尝君这
cái huǎng rán dà wù tā fēi cháng
才恍然大悟，他非常
gǎn jī féng xuān
感激冯煖。

民国蔡振绅编《八德须知·礼义》插图《冯煖焚券》，描绘冯煖去薛地帮孟尝君收债，将债券当众焚毁的场景

jiǎng

蒋

历代名人

蒋　琬：三国时蜀汉名臣。

蒋　伸：唐朝宰相。

蒋廷锡：清朝大学士、画家。

姓氏溯源

蒋姓起源较为单一，主要出自姬姓，以国名命姓。西周时周公旦的儿子伯龄被封在蒋地，建立蒋国，后被楚国所灭，伯龄的子孙便以原国为姓，世代姓蒋。

清绣像本《三国演义》中的蒋琬画像

故事

大度容下

jiǎng wǎn shì sān guó shí shǔ hàn zhù
蒋琬是三国时蜀汉著
míng dà chén zhū gě liàng gōng wèi shí
名大臣。诸葛亮攻魏时，
jiǎng wǎn chéng gōng de jiě jué le bīng yuán
蒋琬成功地解决了兵源
liáng xiǎng de gōng yìng wèn tí shēn dé
粮饷的供应问题，深得
zhū gě liàng qì zhòng zhū gě liàng qù
诸葛亮器重。诸葛亮去
shì hòu tā suī rán jī hū zhǎng wò shǔ
世后，他虽然几乎掌握蜀

hàn de jūn zhèng dà quán dàn réng lěng jìng rú xī yí qiè xíng wéi hé wǎng cháng méi
汉的军政大权，但仍冷静如昔，一切行为和往常没
yǒu shén me bù tóng yīn cǐ shēn dé jūn chén xìn rèn
有什么不同，因此深得君臣信任。

jiǎng wǎn yǒu yí gè jiào yáng xì de bù xià xìng gé ào màn cū shū jiǎng wǎn
蒋琬有一个叫杨戏的部下，性格傲慢粗疏，蒋琬
zhǎo tā shāng liang shì qing shí cháng ài dā bù lǐ yǒu rén xiǎng xiàn hài yáng xì
找他商量事情时，常爱搭不理。有人想陷害杨戏，
zài jiǎng wǎn miàn qián shuō tā de huài huà jiǎng wǎn què shuō rén xīn de bù tóng
在蒋琬面前说他的坏话。蒋琬却说：“人心的不同，
jiù xiàng gè zì de miàn kǒng bù tóng yí yàng biǎo miàn shang fú cóng bèi dì lǐ yòu
就像各自的面孔不同一样，表面上服从，背地里又
shuō fǎn duì de huà zhè shì gǔ rén dōu yǐn yǐ wéi jiè de yáng xì jīng cháng ài dā
说反对的话，这是古人都引以为戒的！杨戏经常爱搭
bù lǐ zhèng shì tā gěng zhí de biǎo xiàn na yóu cǐ zú jiàn jiǎng wǎn de qì dù
不理，正是他耿直的表现哪！”由此足见蒋琬的气度
bù fán tā de zhè zhǒng yǎ liàng zhì jīn réng wéi rén men suǒ jīn jīn lè dào
不凡。他的这种雅量，至今仍为人们所津津乐道。

清末年画《新绘三国志后本五虎大将进西川》，讲述刘备进军西川过程中发生的故事

shěn

沈

历代名人

沈　约：南朝梁文学家，曾撰写《宋书》等。

沈　括：北宋科学家、政治家，著有《梦溪笔谈》。

沈　周：明朝画家。

姓氏溯源

沈姓来源主要有三种：一是出自姬姓，周文王的第十个儿子季载因平定武庚叛乱有功，被封于沈国，春秋时被蔡国灭掉，其子孙便以国为姓。二是出自芈姓，是颛顼帝的后代。三是出自金天氏，是少昊裔孙台骀（dài）氏的后代，沈国后为晋所灭，其子孙便以国为姓。

故事

科学家沈括

shěn kuò shì běi sòng zhù míng kē xué
沈括是北宋著名科学
jiā cóng xiǎo jiù kè kǔ xué xí tā dú
家，从小就刻苦学习。他读
shū hěn duō dàn bìng bù mí xìn shū běn
书很多，但并不迷信书本，
ér shì shàn yú dú lì sī kǎo cháng cháng
而是善于独立思考，常常
yòng zì jǐ de jiàn wén lái jiǎn yàn shū běn shang
用自己的见闻来检验书本上

明人绘沈括画像

的知识。为了弄懂一个问题，沈括有时会花费几年、十几年，甚至几十年的时间。为了观测北极星的正确位置，他一连三个月没有睡好觉，每天晚上对着浑天仪的窥管观察北极星，还要画三幅图，标明北极星前半夜、午夜、后半夜在天空中的位置，他前后画了二百多幅图，计算出北极星的正确位置。他还用十年时间，绘制了精确的地图集《守令图》。

沈括对天文、数学、历法、地理、物理、生物、医学、文学、音乐等都有深入研究，而且卓有成就。他把许多科学研究成果综合起来，写成了科学巨著《梦溪笔谈》。

《梦溪笔谈》是北宋科学史的资料宝库，对中国乃至世界科技都有重要的影响。

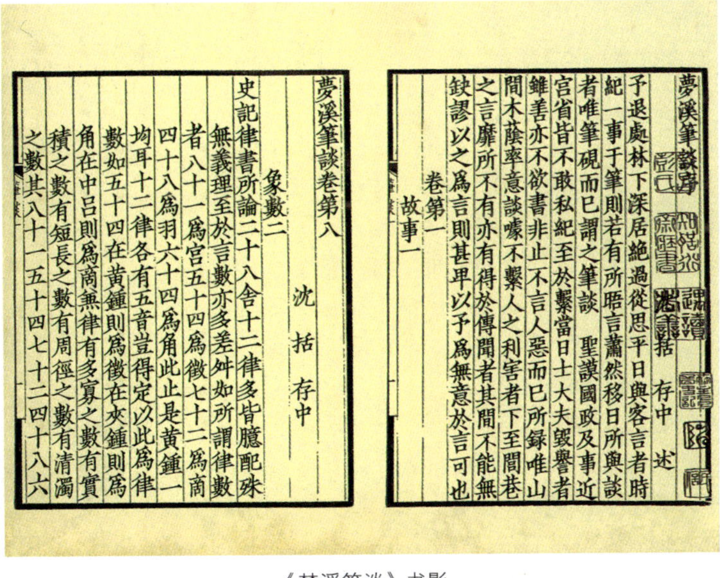

夢溪筆談序
沈括 存中 述
予退處林下深居絕過從思平日與客言者時紀一事于筆則若有所晤言蕭然移日所與談者唯筆硯而已謂之筆談 聖謨國政及事近宮省皆不敢私紀至於繫當日士大夫毀譽者雖善亦不欲書非止不言人惡而已所錄唯山間木蔭率意談噱不繫人之利害者下至閭巷之言靡所不有亦有得於傳聞者其間不能無缺謬以之爲言則甚卑以予爲無意於言可也
卷第一
故事一

夢溪筆談卷第八
沈括 存中
象數二
史記律書所論二十八舍十二律多皆臆配殊無義理至於言數亦多差舛如所謂律數者八十一爲宮五十四爲徵七十二爲商四十八爲羽六十四爲角此止是黃鍾一均耳十二律各有五音豈得定以此爲律數如五十四在黃鍾則爲徵在夾鍾則爲角在中呂則爲商兼律有多寡之數有實積之數有短長之數有周徑之數有清濁之數其八十一五十四七十二四十八六

《梦溪笔谈》书影

hán

韩

历代名人

韩　非：战国末哲学家，法家主要代表人物。

韩　信：西汉初军事家。

韩　愈：唐朝文学家、哲学家，被列为“唐宋八大家”之首。

姓氏溯源

韩姓来源主要有两种：一是出自姬姓，春秋时，晋武公封叔父姬万于韩，称韩武子，韩武子的曾孙韩厥便以封邑为姓。二是出自他族改姓，南北朝时北魏的大汗氏，随孝文帝迁都洛阳后改姓韩。

故事

背水一战

chǔ hàn zhàn zhēng shí， liú bāng、
楚汉战争时，刘邦、
xiàng yǔ zài xíng yáng yí dài duì zhì。 wèi le
项羽在荥阳一带对峙。为了
yū huí jiā jī xiàng yǔ， hán xìn shuài bīng gōng
迂回夹击项羽，韩信率兵攻
dǎ wèi、 zhào、 yān、 qí sì guó。 hán
打魏、赵、燕、齐四国。韩
xìn gōng zhào shí， zhào wáng xiē hé chén yú
信攻赵时，赵王歇和陈馀
tún bīng jǐng xíng kǒu， móu chén lǐ zuǒ chē jiàn
屯兵井陉口，谋臣李左车建

清人绘《历代名臣像解》中的韩信画像

议抄小路截断汉军粮道，并构筑工事，不与汉军交战，但陈馀自以为有兵力上的优势，坚持要与汉军正面作战。

韩信得知这一情况后，率军直奔井陉口。他选派两千骑兵埋伏在山中，等两军交战时，迅速占领赵营；然后又派一万人背水列阵，交战后假装失败，退到背水阵前，拼命战斗。赵军见不能取胜，退回营寨时，却发现赵营中已插满汉旗，以为汉军占领了自己的大本营，因此阵脚大乱。汉军趁机攻打赵军，杀死陈馀，俘虏赵王歇，取得战争的胜利。

近代马骀绘《历代名将画谱》之《登坛拜将》，描绘刘邦拜韩信为大将时的场景

zhū 朱

历代名人

朱买臣：西汉名臣，以勤学著称。
朱　温：五代后梁的开国之君。
朱　熹：南宋哲学家、教育家，理学的集大成人物。
朱元璋：明朝的开国皇帝。

姓氏溯源

朱姓主要有三种来源：一是出自曹姓，周武王灭商后封曹挟在邾（zhū）国，战国时为齐所灭，其子孙以朱为姓。二是出自帝舜时大臣朱虎的后代。三是出自春秋时宋国开国君主宋微子的后代。

故事

负薪苦读

xī hàn rén zhū mǎi chén fēi cháng xǐ huan dú shū kě shì yóu yú jiā li hěn qióng dào le sì shí suì hái shi yí gè qióng kùn de shū shēng yǔ qī zi cuī shì jiān nán dù rì wèi le shēng jì zhū mǎi chén měi tiān dōu yào jìn shān kǎn chái

西汉人朱买臣非常喜欢读书，可是由于家里很穷，到了四十岁还是一个穷困的书生，与妻子崔氏艰难度日。为了生计，朱买臣每天都要进山砍柴。

近代马骀绘《仙佛图像画谱》中的《负薪读书》图，讲述朱买臣负薪读书的故事

jí shǐ zhè yàng tā yě méi yǒu fàng qì dú shū měi cì kǎn chái shí dōu yào dài
即使这样，他也没有放弃读书，每次砍柴时都要带
shàng shū kǎn wán chái hòu zài bēi chái tú zhōng bù tíng de lǎng dú bèi sòng jié
上书，砍完柴后，在背柴途中不停地朗读背诵，结
guǒ yǐn de lù rén zhí fā xiào dōu bǎ tā dàng chéng dāi zi qī zi cuī shì
果引得路人直发笑，都把他当成“呆子”。妻子崔氏
jué de tā diū rén shí zài wú fǎ rěn shòu zhè zhǒng jiān kǔ de shēng huó lí tā
觉得他丢人，实在无法忍受这种艰苦的生活，离他
ér qù
而去。

zhū mǎi chén gū shēn yì rén měi tiān réng jiù kǎn chái dú shū kuài wǔ shí suì shí tā zhōng yú shòu dào cháo tíng rèn yòng jīng hàn wǔ dì zhào jiàn bèi rèn mìng wéi zhōng dà fū hòu lái yòu zuò le jiā xiāng kuài jī jùn de tài shǒu tā de qī zi cuī shì jiàn zhū mǎi chén yī jǐn huán xiāng xiū kuì nán dāng
朱买臣孤身一人，每天仍旧砍柴读书。快五十岁时，他终于受到朝廷任用，经汉武帝召见，被任命为中大夫，后来又做了家乡会稽郡的太守。他的妻子崔氏见朱买臣衣锦还乡，羞愧难当。

明石锐绘《朱买臣负薪读书图》，描绘朱买臣学习刻苦，边挑柴边读书的场景

qín

秦

历代名人

秦越人：战国时名医，被人们称为“扁鹊”。

秦　琼：唐朝名将，被后人尊奉为“门神”。

秦　观：北宋词人。

姓氏溯源

秦姓主要有三种来源：一是出自嬴姓，为颛顼帝的后裔，其后人建立秦朝，秦灭亡后，其子孙便以国为姓。二是出自姬姓，为周文王的后裔。三是古代大秦（罗马帝国）人来中国后，有的就以“秦”为姓。

故事

名医扁鹊

biǎn què běn míng qín yuè rén
扁鹊，本名秦越人，
shì zhàn guó shí qī zhù míng de yī shēng
是战国时期著名的医生。
chuán shuō yuǎn gǔ shí yǒu wèi shén yī jiào biǎn
传说远古时有位神医叫扁
què yóu yú qín yuè rén yī shù gāo míng
鹊，由于秦越人医术高明，
rén men biàn dōu chēng tā wéi biǎn què
人们便都称他为扁鹊。
yǒu yí cì biǎn què lái dào cài
有一次，扁鹊来到蔡

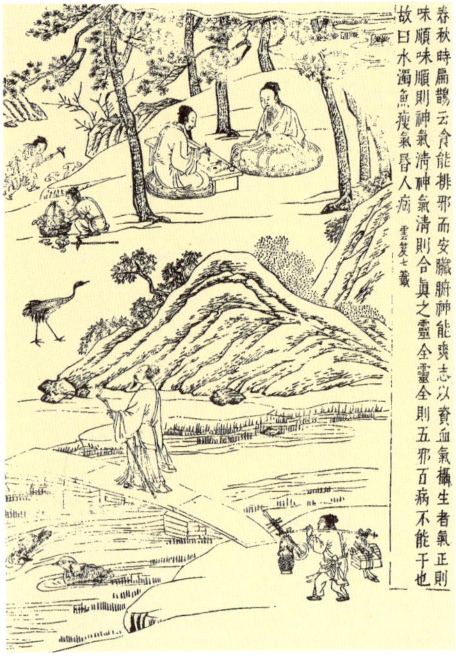

明金忠编《御世仁风》插图《扁鹊讲养生》，描绘扁鹊讲解养生之道的场景

guó cài huán gōng jiē dài le tā biǎn què jiàn cài huán gōng liǎn sè bú zhèng biàn
国，蔡桓公接待了他。扁鹊见蔡桓公脸色不正，便
tí xǐng tā yǒu bìng yīng jí zǎo zhì liáo cài huán gōng rèn wéi yī shēng xǐ huan gěi
提醒他有病，应及早治疗。蔡桓公认为医生喜欢给
méi yǒu bìng de rén zhì bìng yǐ xiǎn shì zì jǐ de běn lǐng yīn cǐ bù xiāng xìn biǎn
没有病的人治病，以显示自己的本领，因此不相信扁
què shuō de huà cǐ hòu
鹊说的话。此后，
biǎn què yòu jǐ cì jiàn dào cài
扁鹊又几次见到蔡
huán gōng měi cì dōu tí xǐng
桓公，每次都提醒
tā yīng gāi kàn bìng dàn cài
他应该看病，但蔡
huán gōng réng jiù zhì zhī bù
桓公仍旧置之不
lǐ zuì hòu yí cì jiàn dào
理。最后一次见到
cài huán gōng biǎn què shén me
蔡桓公，扁鹊什么
yě méi shuō jiù zǒu le cài
也没说就走了。蔡
huán gōng hěn qí guài wèn tā
桓公很奇怪，问他
wèi shén me zhè yàng zuò biǎn
为什么这样做，扁
què shuō cài huán gōng yǐ bìng
鹊说，蔡桓公已病
rù gāo huāng wú fǎ jiù zhì
入膏肓，无法救治
le guǒ rán jǐ tiān hòu
了。果然，几天后，
cài huán gōng bìng zhòng yīn
蔡桓公病重，因
yī zhì wú xiào ér sǐ
医治无效而死。

《内经图》是人体内脏解剖图，明显富有道家养生方法图示的目的，是中医的特色发明

xǔ

许

历代名人

许　慎：东汉经学家、文学家，著有《说文解字》。

许　浑：唐朝诗人。

许　衡：元朝三大理学家之一，曾参与元朝的朝仪官制、立国规模的策划。

姓氏溯源

许姓主要有两种来源：一是出自姜姓，西周分封时，将炎帝的后代文叔封在许国，战国时为楚所灭，其子孙便以国为姓。二是出自尧帝时许由的后代。

故事

坚持道义

xǔ héng shì yuán cháo zhù míng lǐ xué
许衡是元朝著名理学
jiā hěn xiǎo de shí hou jiù biǎo xiàn chū bù
家，很小的时候就表现出不
tóng xún cháng de zhì huì dà ren men yě
同寻常的智慧，大人们也
cháng bèi tā dú tè de cái néng suǒ zhé fú
常被他独特的才能所折服。
tā dú sī shú shí cháng bǎ lǎo shī wèn
他读私塾时，常把老师问
de zhāng kǒu jié shé yǐ zhì lǎo shī jué
得张口结舌，以致老师觉
de wú fǎ jiāo tā fēn fēn lí qù
得无法教他，纷纷离去，

清人绘《历代帝王圣贤名臣大儒遗像》中的许衡画像

就这样，几年中便更换了三个老师。随着年龄的增长，许衡如饥似渴地学习知识，虽然身处乱世，家里遭灾，他还是利用一切机会，努力学习，把所学的知识都贯彻到日常的行为之中。

一年夏天，许衡和几个朋友路过河阳时，大家非常口渴，见路边树上结满梨子，便争相爬上树摘着吃。唯独许衡坐在树下，像没看见树上的梨似的。朋友们都讥笑他说：“你这个傻瓜，世道这么乱，这些梨树肯定没有主人。”许衡却说：“梨树没有主人，难道我的心也没有吗？我要坚持道义，永不放弃。”他正是这样实践着自己的信义，最终成就了一番事业。

明汪廷讷撰《人镜阳秋》插图，讲述元代许衡坚守内心，不吃无主之梨的故事

hé

何

历代名人

何　休：东汉经学家，对六经造诣极深。

何易于：唐朝名臣。

何景明：明朝文学家，为“前七子”之一。

姓氏溯源

何姓来源主要有两种：一是出自姬姓，为周文王的后代，始祖是何庶。二是出自唐代西域阿姆河、锡尔河流域“昭武九姓”中的一姓。

故事

挂笏引舟

táng cháo shí　hé yì yú céng zài sì chuān yì chāng zuò xiàn lìng　tā wéi guān
唐朝时，何易于曾在四川益昌做县令，他为官
qīng lián　ài mín rú zǐ　shēn dé bǎi xìng chēng zàn　yǒu yí cì　cì shǐ cuī pǔ
清廉，爱民如子，深得百姓称赞。有一次，刺史崔朴
cóng jiā líng jiāng shàng yóu dài zhe bīn kè gē nǚ　yán jiāng dōng xià　yí lù yǐn jiǔ
从嘉陵江上游带着宾客歌女，沿江东下，一路饮酒

南宋夏圭绘《长江万里图》(局部)，图左部描绘长江上纤夫拉船的场景

zuò lè　yóu yú hé dào wān qū
作乐。由于河道弯曲，
hé shuǐ tuān jí　jiāng shang de xíng
河水湍急，江上的行
chuán dōu yào yóu qiàn fū lā zhe cái
船都要由纤夫拉着才
néng xíng jìn　cuī pǔ de yóu chuán
能行进。崔朴的游船
cóng yì chāng chéng jīng guò　qiáng
从益昌城经过，强
lìng mín fū tì tā lā chuán　xiàn
令民夫替他拉船。县
lìng hé yì yú bǎ hù bǎn　shàng
令何易于把笏板（上
cháo shí dài de xiá cháng bǎn zi
朝时带的狭长板子）
guà zài yāo shang　juǎn qǐ kù tuǐ
挂在腰上，卷起裤腿
qīn zì lā qiàn　tū rán　cuī
亲自拉纤。突然，崔
pǔ fā xiàn lā qiàn mín fū zhōng yǒu
朴发现拉纤民夫中有

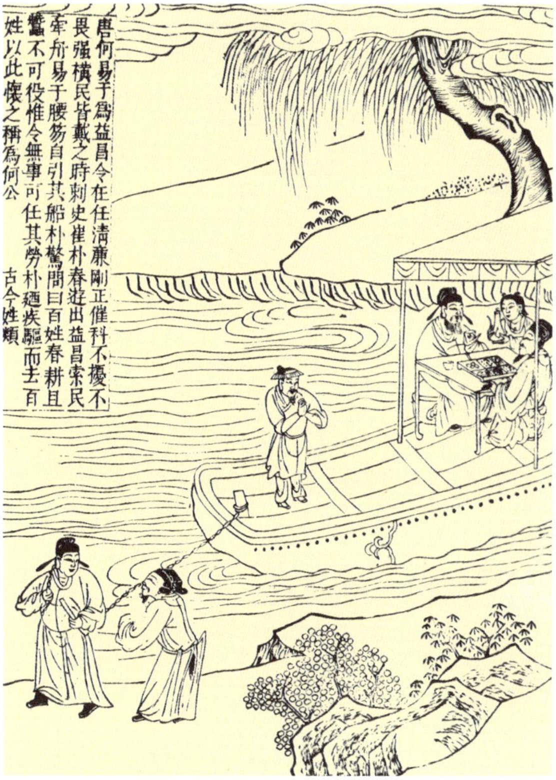

明金忠编《瑞世良英》插图《唐何易于为益昌令》，讲述何易于挂笏引舟的故事

xiàn lìng hé yì yú　jīng qí de wèn tā wèi shén me lái lā qiàn　hé yì yú shuō
县令何易于，惊奇地问他为什么来拉纤。何易于说：
xiàn zài zhèng shì nóng máng jì jié　lǎo bǎi xìng dōu hěn máng　wǒ gāng hǎo méi shì
“现在正是农忙季节，老百姓都很忙，我刚好没事
zuò　suǒ yǐ jiù lái chōng dāng qiàn fū le　cuī pǔ tīng hòu　xiū kuì nán dāng
做，所以就来充当纤夫了。”崔朴听后，羞愧难当，
yǔ zhòng bīn kè tiào chū yóu chuán　qí zhe mǎ pǎo huí qù le
与众宾客跳出游船，骑着马跑回去了。

lǚ

吕

历代名人

吕不韦：战国时秦国相国，门下有宾客三千，曾组织人编写《吕氏春秋》。

吕　蒙：三国时东吴名将，曾打败关羽。

吕蒙正：北宋宰相，以敢言著称。

姓氏溯源

吕姓主要有三种来源：一是出自姜姓，其始祖为伯夷的后代，被封在吕国，春秋时为楚所灭，其子孙便以国为姓。二是出自春秋时期晋国的魏氏。三是出自为少数民族改姓。

故事

奇货可居

lǚ bù wéi shì zhàn guó shí qín guó de
吕不韦是战国时秦国的
xiàng guó dàn cǐ qián tā zhǐ shì wèi guó de
相国，但此前他只是卫国的
yí gè dà shāng rén yǒu yí cì lǚ bù
一个大商人。有一次，吕不
wéi zài hán dān jīng shāng shí jiàn dào zài zhào
韦在邯郸经商时，见到在赵
guó zuò rén zhì de qín guó gōng zǐ zǐ chǔ
国做人质的秦国公子子楚，
tā rèn wéi zhè shì yí gè nán dé de kě jī
他认为这是一个难得的可积
cún de qí huò yú shì lǚ bù wéi
存的“奇货”。于是，吕不韦

明陈洪绶绘《博古叶子》中的吕不韦画像，讲述吕不韦命赵姬给“奇货”子楚敬酒，成就了一桩大买卖的故事

zhǎo dào zǐ chǔ shuō wǒ néng ràng nǐ fù yǒu tiān xià guì wéi tiān zǐ rán hòu
找到子楚说：“我能让你富有天下，贵为天子。”然后
tā wèi zǐ chǔ chū móu huà cè bìng jǐ yǔ tā fēng hòu de zī jīn xī wàng tā néng
他为子楚出谋划策，并给予他丰厚的资金，希望他能
chéng wéi wáng wèi de jì chéng rén
成为王位的继承人。

cǐ hòu lǚ bù wéi dào qín guó tì zǐ chǔ yóu shuì zuì zhōng ràng qín guó
此后，吕不韦到秦国替子楚游说，最终让秦国
tài zǐ ān guó jūn jí chǒng jī huà yáng fū rén lì zǐ chǔ wéi dí sì hòu lái zǐ
太子安国君及宠姬华阳夫人立子楚为嫡嗣。后来，子
chǔ àn zhào lǚ bù wéi de ān pái shùn lì de táo huí qín guó ān guó jūn jì lì
楚按照吕不韦的安排，顺利地逃回秦国，安国君继立
wéi xiào wén wáng zǐ chǔ jiù
为孝文王，子楚就
chéng le tài zǐ qín xiào wén
成了太子。秦孝文
wáng qù shì hòu zǐ chǔ chéng
王去世后，子楚成
gōng de jì chéng wáng wèi qín
功地继承王位（秦
zhuāng xiāng wáng yú shì
庄襄王）。于是，
zǐ chǔ rèn mìng lǚ bù wéi wéi xiàng
子楚任命吕不韦为相
guó fēng wén xìn hóu bìng
国，封文信侯，并
yōng yǒu luò yáng shí wàn hù shí
拥有洛阳十万户食
yì lǚ bù wéi qí huò kě jū
邑。吕不韦奇货可居
de jì cè ràng tā míng lì shuāng
的计策让他名利双
shōu yí yè zhī jiān chéng wéi
收，一夜之间成为
shēng míng xiǎn hè de rén wù
声名显赫的人物。

清绣像本《东周列国志》插图《吕不韦巧计归异人》，讲述吕不韦使尽手段，帮助异人（子楚）继承王位的故事

shī

施

历代名人

施　全：南宋壮士，因刺杀秦桧不成而遭杀害。
施耐庵：元末明初小说家，著有《水浒传》。
施　琅：明清之际将领，率清军攻灭台湾郑氏政权。

姓氏溯源

施姓主要有三种来源：一是以封国为姓，夏朝时有个施国，国亡后，其子孙便以国为姓。二是出自姬姓，为黄帝的后代。三是出自子姓，是商朝人的后裔，主要从事旗帜制造业，其后人便以祖先的职业为姓。

佚名绘《水浒名将图》

故事

才子施耐庵

shī nài ān shì yuán mò míng chū zhù míng
施耐庵是元末明初著名
wén xué jiā　zì yòu jiā jìng pín qióng　wú
文学家，自幼家境贫穷，无
fǎ shàng xué　dàn tā cōng míng hào xué　jīng
法上学，但他聪明好学，经
cháng jiè shū kàn　yǒu shí hái dào xué fǔ qù
常借书看，有时还到学府去
páng tīng　jiù zhè yàng　tā dú le xǔ duō
旁听。就这样，他读了许多

清代根据《水浒传》创作的彩色版画《三打祝家庄》

jīng diǎn zhù zuò shí sān suì shí yǐ néng zài dà tíng guǎng zhòng zhī xià duì dá rú liú
经典著作，十三岁时已能在大庭广众之下对答如流。
yí cì lín jū de lǎo rén bìng gù qǐng zài xǔ shù guān jiāo sī shú de jì xiù cai
一次，邻居的老人病故，请在浒墅关教私塾的季秀才
lái xiě jì wén jì xiù cai wèi dào shī nài ān biàn dài bǐ xiě le yì piān jì
来写祭文，季秀才未到，施耐庵便代笔写了一篇。季
xiù cai jiàn tā cái huá héng yì biàn dài tā dào xǔ shù guān dú shū shī nài ān bù
秀才见他才华横溢，便带他到浒墅关读书。施耐庵不
jǐn shú dú bǎi jiā zhī shū ér qiě hái liú lǎn gè zhǒng shū jí hòu lái tā sōu
仅熟读百家之书，而且还浏览各种书籍。后来，他搜
jí le xǔ duō mín jiān chuán shuō bìng zài cǐ jī chǔ shang bǎ běi sòng mò nián sòng
集了许多民间传说，并在此基础上，把北宋末年宋
jiāng děng yì bǎi líng bā wèi hǎo hàn bèi bī shàng liáng shān de gù shi xiě chéng shuǐ
江等一百零八位好汉被逼上梁山的故事写成《水
hǔ zhuàn zhè shì zhōng guó gǔ diǎn wén xué sì dà míng zhù zhī yī liú chuán hěn
浒传》，这是中国古典文学四大名著之一，流传很
guǎng yǐng xiǎng jí dà
广，影响极大。

zhāng

张

历代名人

张　良：西汉初大臣，帮助刘邦建立汉朝。

张　衡：东汉科学家、文学家，发明候风地动仪，还制造指南车等。

张之洞：清朝后期洋务派首领。

姓氏溯源

张姓主要有三种来源：一是出自黄帝之后，张挥为始祖。二是出自黄帝姬姓的后代，春秋时晋国有个叫解张的贵族，其子孙以他的字为姓，世代姓张。三是出自赐姓或他姓、他族改姓。

故事

张良拜师

zhāng liáng shì liú bāng de zhǔ yào
张良是刘邦的主要
móu shì nián qīng shí xiōng huái dà zhì
谋士，年轻时胸怀大志，
dào chù qiú shī fǎng xián yǒu yì tiān
到处求师访贤。有一天，
zhāng liáng zài xià pī de yí zuò qiáo shang
张良在下邳的一座桥上
sàn bù yí wèi bái fà lǎo rén zǒu dào
散步，一位白发老人走到
tā gēn qián gù yì tuō xià yì zhī xié
他跟前，故意脱下一只鞋

清人绘《历代帝王圣贤名臣大儒遗像》中的张良画像

zi diū xià qiáo rán hòu duì tā shuō
子，丢下桥，然后对他说：
kuài dào qiáo xià bǎ xié zi gěi wǒ qǔ shàng
“快到桥下把鞋子给我取上
lái zhāng liáng jiǎn lái xié zi lǎo rén
来。”张良捡来鞋子，老人
yòu ràng tā gěi chuān shàng zhāng liáng biàn
又让他给穿上，张良便
gěi tā chuān shàng lǎo rén xiào zhe shuō
给他穿上。老人笑着说：
wǒ kàn nǐ yǒu chū xi hěn lè yì jiāo
“我看你有出息，很乐意教
nǐ wǔ tiān hòu de zǎo shang wǒ zài
你，五天后的早上，我在
zhè er děng nǐ dì wǔ tiān tiān gāng
这儿等你。”第五天天刚
liàng zhāng liáng lái dào qiáo shang lǎo rén
亮，张良来到桥上，老人
què zǎo dào le lǎo rén guài zhāng liáng méi
却早到了。老人怪张良没
lǐ mào ràng tā wǔ tiān hòu zài lái wǔ
礼貌，让他五天后再来。五
tiān hòu zhāng liáng bàn yè jiù gǎn lái
天后，张良半夜就赶来。
lǎo rén xiào zhe sòng gěi tā yì běn tài
老人笑着送给他一本《太
gōng bīng fǎ zhāng liáng cóng cǐ rèn zhēn
公兵法》，张良从此认真
yán dú zuì zhōng chéng wéi yì míng yùn
研读，最终成为一名运
chóu wéi wò de móu lüè jiā
筹帷幄的谋略家。

清冯箕绘《圯桥进履图》(局部)，描绘张良为黄石公取来鞋子的场景

cáo

曹

历代名人

曹　参：西汉大臣，继萧何之后为汉惠帝时丞相。

曹　操：三国时政治家、军事家、诗人。他的儿子曹丕、曹植也很有文才，与曹操并称“三曹”。他的小儿子曹冲也很聪明，有很多故事在民间流传。

曹雪芹：清朝小说家，著有《红楼梦》。

姓氏溯源

曹姓主要有三种来源：一是出自出自黄帝姬姓的后代，周武王的弟弟振铎（duó）被封于曹，成为曹姓的始祖。二是出自邾姓改姓。三是出自他族改姓。

故事

曹冲称象

sān guó shí nán fāng de yí gè bù zú
三国时，南方的一个部族
wèi le biǎo shì duì wèi guó de yǒu hǎo gěi cáo
为了表示对魏国的友好，给曹
cāo sòng lái yì tóu dà xiàng cáo cāo hěn xiǎng zhī
操送来一头大象。曹操很想知
dào dà xiàng yǒu duō zhòng biàn wèn shǒu xià rén
道大象有多重，便问手下人
yòng shén me bàn fǎ néng chēng chū dà xiàng de zhòng
用什么办法能称出大象的重
liàng zhè kě shì yí jiàn nán shì dà xiàng shì
量。这可是一件难事，大象是

明人绘曹操画像

lù dì shang zuì dà de dòng wù yòng shén me bàn fǎ lái chēng ne yǒu de rén jiàn
陆地上最大的动物，用什么办法来称呢？有的人建
yì zuò yì gǎn dà chèng yǒu de rén zhǔ zhāng jiāng dà xiàng shā le fēn kāi chēng cáo
议做一杆大秤，有的人主张将大象杀了分开称，曹
cāo dōu bù mǎn yì
操都不满意。

zhè shí cáo cāo de xiǎo ér zi cáo chōng shuō wǒ yǒu yí gè bàn fǎ
这时，曹操的小儿子曹冲说：“我有一个办法，
kě yǐ chēng chū dà xiàng de zhòng liàng cáo cāo shuō kuài shuō chū lái ràng dà
可以称出大象的重量。”曹操说：“快说出来让大
jiā tīng ting cáo chōng shuō wǒ chēng gěi nǐ men kàn nǐ men jiù huì míng bai
家听听。”曹冲说：“我称给你们看，你们就会明白
le tā bǎ dà xiàng qiān dào hé biān ràng rén bǎ dà xiàng gǎn shàng chuán dà
了。”他把大象牵到河边，让人把大象赶上船，大
xiàng shàng le chuán chuán jiù wǎng xià
象上了船，船就往下
chén cáo chōng ràng rén zài chuán shang huà
沉。曹冲让人在船上画
chū dà xiàng zhàn shàng qù shí chuán chī shuǐ
出大象站上去时船吃水
de kè dù rán hòu bǎ dà xiàng qiān shàng
的刻度，然后把大象牵上
àn zài mìng rén àn zhào kè dù de biāo
岸，再命人按照刻度的标
zhǔn wǎng chuán shang zhuāng shí tou zhī hòu
准往船上装石头，之后
zài bǎ shí tou xiè xià lái chēng liáng yú
再把石头卸下来称量，于
shì shí tou xiāng jiā de zhòng liàng jiù shì dà
是石头相加的重量就是大
xiàng de zhòng liàng cáo cāo jiàn hòu pāi
象的重量。曹操见后，拍
shǒu jiào hǎo dà jiā yě dōu chēng zàn cáo
手叫好，大家也都称赞曹
chōng cōng míng
冲聪明。

清吴縠祥绘《驭象图》

yán

严

历代名人

严　光：东汉隐士，拒绝光武帝授予的官职，隐居而终。
严绳孙：清初文学家，“江南三布衣”之一。
严　复：中国启蒙思想家、翻译家，翻译《天演论》等外国著作，对当时思想界影响巨大。

姓氏溯源

严姓主要有三种来源：一是出自古严国的后裔。二是出自庄姓。汉明帝名叫刘庄，为了避讳，令庄氏都改姓严。三是出自少数民族汉化的结果，现代的满族、彝族、锡伯族、朝鲜族中都有严姓。

故事

隐士严光

yán guāng shì dōng hàn zhù míng de shì rén
严光是东汉著名的士人，
nián qīng shí jiù hěn yǒu míng qi céng hé liú xiù zài
年轻时就很有名气，曾和刘秀在
yì qǐ yóu lì qiú xué shì yí duì hěn yào hǎo de
一起游历求学，是一对很要好的
péng you hòu lái liú xiù zuò le huáng dì yán
朋友。后来刘秀做了皇帝，严
guāng biàn yǐn xìng mái míng zài zhè jiāng fù yáng fù
光便隐姓埋名，在浙江富阳富
chūn shān shang yǐn jū qǐ lái
春山上隐居起来。

liú xiù zhī dào yán guāng hěn yǒu cái néng biàn
刘秀知道严光很有才能，便

清黄山寿绘《严子陵归钓图》（局部），描绘严光的隐居生活

pài rén dào chù xún zhǎo hòu lái yán guāng yìng zhào lái dào jīng chéng luò yáng liú
派人到处寻找。后来，严光应召来到京城洛阳，刘

xiù qīn zì qù bài fǎng yán guāng què zhuāng zhe shuì jiào bù qǐ chuáng liú xiù zài
秀亲自去拜访，严光却装着睡觉不起床。刘秀再

sān yāo qiú tā bāng zhù zì jǐ zhì lǐ guó jiā yán guāng què shuō cóng qián dì
三要求他帮助自己治理国家，严光却说：“从前，帝

yáo xiǎng bǎ tiān xià ràng gěi xǔ yóu xǔ yóu tuī cí bú qù bìng táo dào yǐng shuǐ zhī
尧想把天下让给许由，许由推辞不去，并逃到颍水之

bīn yǐn jū qǐ lái hòu lái dì yáo yòu pài shǐ zhě qǐng xǔ yóu dān rèn jiǔ zhōu
滨隐居起来。后来，帝尧又派使者请许由担任九州

zhǎng guān xǔ yóu hái wèi tīng wán shǐ zhě de huà biàn pǎo dào shuǐ biān qīng xǐ zì jǐ de
长官，许由还未听完使者的话便跑到水边清洗自己的

ěr duo biǎo shì bù xiǎng zài
耳朵，表示不想再

tīng dào zhè zhǒng huà měi gè
听到这种话。每个

rén dōu yǒu zì jǐ de zhì xiàng
人都有自己的志向，

nǐ hé bì bī wǒ ne liú
你何必逼我呢？”刘

xiù rèn mìng yán guāng wéi jiàn yì
秀任命严光为谏议

dà fū yán guāng jiān cí bú
大夫，严光坚辞不

shòu yí dìng yào guò yǐn jū
受，一定要过隐居

shēng huó liú xiù zuì hòu tóng
生活，刘秀最后同

yì le tā de yāo qiú zhí dào
意了他的要求。直到

xiàn zài zhè jiāng tóng lú hái
现在，浙江桐庐还

yǒu yán guāng yǐn jū shí de diào
有严光隐居时的钓

tái yí jì ne
台遗迹呢。

明金忠编《御世仁风》插图，讲述汉武帝刘秀不屈高贤，礼聘严光，而严光却不受高位，隐钓富春山的故事

jīn

金

历代名人

金日磾：西汉大臣，本为匈奴休屠王的太子，汉武帝时归汉，成为功臣世族。

金圣叹：明末清初文学批评家，其评语流行甚广。

金　农：清朝书画家，“扬州八怪”之一。

姓氏溯源

金姓主要有三种来源：一是出自少昊金天氏，相传少昊为西方大帝，在五行学说中属金，故其子孙以金为姓。二是出自匈奴休屠王太子金日磾（mì dī）的后代。三是出自刘姓改姓，五代十国时期，吴越国为避讳国王钱镠姓中的“镠”字，将吴越国中的刘姓改为金姓。

故事

怪才金圣叹

金圣叹是明末清初文坛巨子，曾以《离骚》《庄子》《史记》《杜诗》《水浒》《西厢》合称“六才子书”，并对后两种进行批改。据说他年轻时在乡邻们的催促下前去参加乡试，但他视功名

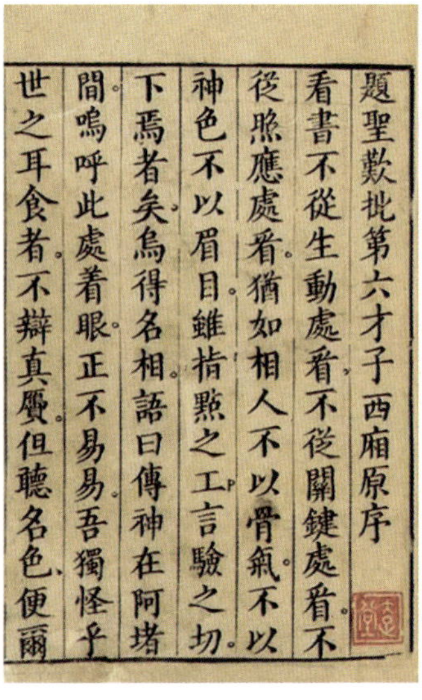
題聖歎批第六才子西廂原序
看書不從生動處看不從關鍵處看不從照應處看猶如相人不以骨氣不以神色不以眉目雖指點之工言驗之切下焉者矣烏得名相語曰傳神在阿堵間嗚呼此處着眼正不易易吾獨怪乎世之耳食者不辯真贋但聽名色便爾

金圣叹批《第六才子书西厢记》书影

rú fèn tǔ miàn duì shì tí suí yì fā huī bèi zhǔ kǎo guān rèn wéi bǎ gōng míng
如粪土，面对试题，随意发挥，被主考官认为把功名
dàng ér xì yīn cǐ míng luò sūn shān
当儿戏，因此名落孙山。

jīn shèng tàn duì qīng cháo dà xīng wén zì yù jí wéi fèn kǎi tā bēn zǒu hū
金圣叹对清朝大兴文字狱极为愤慨，他奔走呼
háo bìng dài xué shēng qù kū kǒng miào biǎo shì kàng yì cháo tíng yǐ gǔ huò zuì
号，并带学生去哭孔庙，表示抗议。朝廷以蛊惑罪
pàn tā sǐ xíng tā de ér zi qián qù tàn wàng shí tā bù jǐn tán xiào fēng shēng
判他死刑。他的儿子前去探望时，他不仅谈笑风生，
hái kāi zhe wán xiào jiāng shēng sǐ zhì zhī dù wài jīn shèng tàn lín xíng shí zhèng zhí
还开着玩笑，将生死置之度外。金圣叹临刑时正值
xuě huà bīng xiāo zhī jì tā yǎng wàng cāng
雪化冰消之际，他仰望苍
tiān chù jǐng shēng qíng xiě xià yì shǒu
天，触景生情，写下一首
zì dào shī tiān bēi dào wǒ dì yì yōu
自悼诗：“天悲悼我地亦忧，
wàn lǐ jiāng shān jìn bái tóu yì shí tài yáng
万里江山尽白头。一时太阳
lái diào yàn jiā jiā hù hù lèi zhū liú
来吊唁，家家户户泪珠流。”

jīn shèng tàn bèi shā hòu cóng tā
金圣叹被杀后，从他
de ěr nèi tiào chū liǎng gè zhǐ tuán shàng
的耳内跳出两个纸团，上
miàn fēn bié xiě zhe hǎo hé tòng
面分别写着“好”和“痛”
liǎng gè zì zhè liǎng gè zì shì tā duì bǎi
两个字，这两个字是他对百
xìng shēn zhòng zāi nàn de hū háo yě shì
姓深重灾难的呼号，也是
wèi zì jǐ bú xìng de āi tàn
为自己不幸的哀叹！

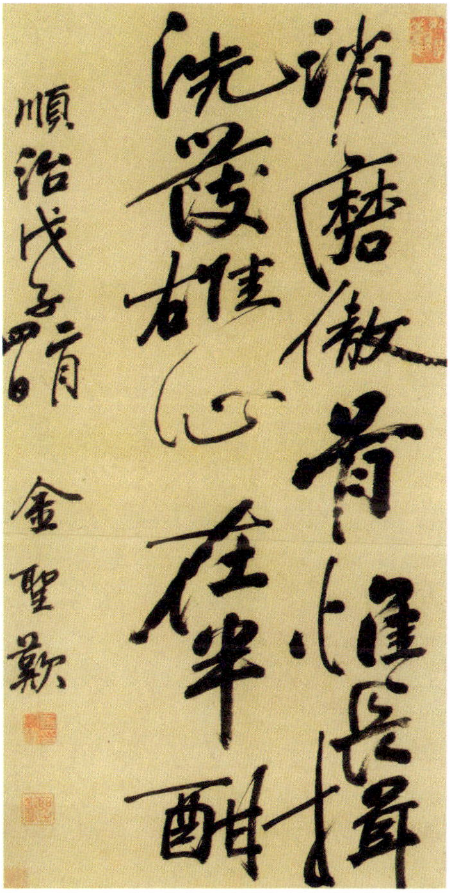

金圣叹手迹

wèi

魏

历代名人

魏无忌：即信陵君，“战国四公子”之一。
魏　徵：唐初大臣，以直言敢谏著称。
魏　源：清末思想家、史学家、文学家，著有《海国图志》。

姓氏溯源

魏姓主要出自姬姓，魏姓原是毕国人，春秋时，毕万在晋国灭霍、耿、魏三国的战斗中立有大功，晋献公将魏地赐给他，毕万的子孙便以封地为姓，世代姓魏。

故事

腹内孕乾坤

wèi yuán shì qīng mò sī xiǎng jiā shǐ
魏源是清末思想家、史
xué jiā wén xué jiā yě shì zuì zǎo chàng dǎo
学家、文学家，也是最早倡导
xiàng xī fāng xué xí de gé xīn jiā zhī yī tā
向西方学习的革新家之一。他
zhǔ zhāng shī yí zhī cháng jì yǐ zhì yí
主张“师夷之长技以制夷”，
xué xí xī fāng jì yì zhì zào qiāng pào lún
学习西方技艺，制造枪炮、轮
chuán jiā qiáng hǎi fáng dǐ yù wài guó qīn
船，加强海防，抵御外国侵
lüè tí chàng bàn mín yòng gōng yè yāo qiú gǎi
略；提倡办民用工业，要求改

清叶衍兰绘魏源画像

gé cáo yùn yán fǎ jiǎn qīng fù shuì pēng jī lǐ xué de yū tán zhī fēng duì
革漕运、盐法，减轻赋税；抨击理学的迂谈之风，对
hòu lái sī xiǎng jiè yǐng xiǎng jù dà
后来思想界影响巨大。

wèi yuán cóng xiǎo xǐ huan dú shū bái tiān mái tóu kǔ dú bù shuō wǎn
魏源从小喜欢读书，白天埋头苦读不说，晚
shang yě yào dú dào shēn gēng bàn yè wèi yuán jiǔ suì cān jiā běn xiàn de tóng zǐ
上也要读到深更半夜。魏源九岁参加本县的童子
kǎo shì shí xiàn lìng zhǐ zhe chá bēi shang de tài jí tú shuō bēi zhōng hán tài
考试时，县令指着茶杯上的太极图说：“杯中含太
jí wèi yuán yìng shēng dá dào fù nèi yùn qián kūn zhòng rén dōu shí fēn
极。”魏源应声答道：“腹内孕乾坤。”众人都十分
jīng yì wèi yuán jiě shì shuō tiān dì jiù shì qián kūn wǒ yào kǎo lǜ tiān xià
惊异，魏源解释说：“天地就是乾坤，我要考虑天下
de dà shì xiàn lìng lián lián chēng zàn tā shào nián yǒu dà zhì hòu lái wèi
的大事。”县令连连称赞他少年有大志。后来，魏
yuán yǔ gōng zì zhēn lín zé xú děng rén jié chéng hǎo yǒu bìng jiāng lín zé xú zhǔ
源与龚自珍、林则徐等人结成好友，并将林则徐主
chí fān yì de xī fāng shǐ dì zī liào sì zhōu zhì děng zēng bǔ wéi hǎi
持翻译的西方史地资料《四洲志》等，增补为《海
guó tú zhì xì tǒng chǎn shù le zì jǐ guān yú dǐ kàng qīn lüè dá dào mín zú zì qiáng de zhǔ zhāng chéng wéi hòu lái wéi xīn biàn fǎ de sī xiǎng xiān qū
国图志》，系统阐述了自己关于抵抗侵略，达到民族自强的主张，成为后来维新变法的思想先驱。

清魏源著《海国图志》中绘制的《亚细亚洲全图》

jiāng

姜

历代名人

姜　尚：周代齐国的始祖，武王伐纣时为军师，后被封在齐国，有太公之称，俗称姜太公。

姜　维：三国时蜀汉大将。

姜　夔：南宋词人、音乐家。

姓氏溯源

姜姓主要出自远古的炎帝神农氏。神农氏生于陕西岐山西南方的姜水河畔，于是他便以姜作为自己的姓，子孙世代相传。

故事

姜太公钓鱼

shāng cháo mò nián jiāng shàng yīn kàn bu guàn zhòu wáng hú zuò fēi wéi qì

商朝末年，姜尚因看不惯纣王胡作非为，弃

佚名绘《人物故事图卷》(局部)，讲述周文王渭水访贤，聘请姜子牙辅佐自己的故事

官逃到陕西的渭水河畔。他了解到周文王求贤若渴，便想为他效力。为了引起文王的注意，姜尚每天到渭水河边去钓鱼，但他钓鱼用的是直钩，并且不放鱼饵。这事很快传到文王的耳朵里，他带上厚礼亲自来请姜尚。姜尚见文王诚心诚意，便高兴地答应了。但姜尚提出，让文王亲自拉车把自己接回去，文王也痛快地答应了他。姜尚随文王入朝后，当了军师，后来辅佐文王、武王讨伐纣王，为西周王朝的建立立下汗马功劳。

明戴进绘《渭滨垂钓图》，讲述周文王在渭水之滨遇到姜太公，礼聘他为军师的故事

xiè

谢

历代名人

谢　安：东晋宰相，在淝水之战中打败前秦，使晋朝转危为安。

谢　玄：东晋名将，在淝水之战中发挥重要作用。

谢灵运：南朝宋诗人，开创文学史上的山水诗一派。

姓氏溯源

谢姓主要有三种来源：一是出自姜姓，是炎帝后裔申伯的后代。西周宣王时，申伯被封于谢国，但春秋时被楚国灭掉，申伯的子孙便以都邑为姓，称谢氏。二是出自任姓，为黄帝的后裔。三是出自他族改姓。

故事

淝水之战

dōng jìn chū nián qián qín huáng dì fú
东晋初年，前秦皇帝苻
jiān shuài jiǔ shí wàn dà jūn nán xià xiǎng yì jǔ
坚率九十万大军南下，想一举
píng dìng jiāng nán dì qū dōng jìn wáng cháo miàn
平定江南地区。东晋王朝面
lín jù dà de wēi jī yǐ zǎi xiàng xiè ān wéi
临巨大的危机，以宰相谢安为
shǒu de zhǔ zhàn pài fèn qǐ dǐ yù jīng xiè ān
首的主战派奋起抵御。经谢安
tuī jiàn jìn yuán dì rèn mìng xiè shí wéi zhēng
推荐，晋元帝任命谢石为征
tǎo dà dū du xiè xuán wéi xiān fēng shuài lǐng
讨大都督，谢玄为先锋，率领

清人绘《历代名臣像解》中的谢安画像

较有战斗力的北府兵沿淮河西进，迎击前秦军主力。

由于前秦军紧靠淝水布阵，晋军无法渡河，只能隔岸对峙。于是谢玄派使者去见前秦将苻融，用激将法使他后退。前秦军诸将都表示反对，但苻坚打算将计就计，在晋军半数渡河时，用骑兵冲杀，打败晋军，于是就答应了晋军的要求。由于晋军间谍在前秦军中捣乱，导致前秦军恐慌，从而一退而不可收拾。晋军趁势追杀，取得淝水之战的胜利。

清苏六朋绘《东山报捷图》，描绘东晋军队在淝水作战获胜，信使传送捷报，而谢安正在悠闲下棋的场景

sū

苏

历代名人

苏　秦：战国纵横家。

苏　武：西汉爱国名臣，出使匈奴被扣押十九年，坚贞不屈，最终被送回汉朝。

苏　轼：北宋文学家、书画家。

姓氏溯源

苏姓主要出自己姓，周武王时，司寇忿生受封于苏国。春秋时，苏国被狄人攻灭，苏国的后裔便以苏为姓。此外，北魏时鲜卑族代北跋略氏随孝文帝迁都，实行汉化，改姓苏。

故事

苏秦刺股

sū qín shì zhàn guó shí qī zhù míng de zòng héng jiā zuì chū biàn mài jiā chǎn gēn suí guǐ gǔ zǐ xué xí zòng héng shù kě jǐ nián hòu bù jǐn méi

苏秦是战国时期著名的纵横家，最初变卖家产，跟随鬼谷子学习纵横术，可几年后，不仅没

近代朱竹云绘《妻不下机》图，描绘苏秦学而无成，回家后妻子不愿搭理他，没有从织布机上下来的场景

yǒu zuò dào yì guān bàn zhí qián yě huā guāng le zhǐ hǎo huí dào jiā li jiā li
有做到一官半职，钱也花光了，只好回到家里。家里
rén dōu rèn wéi tā méi yǒu chū xi shéi yě bú yuàn yì dā li tā zhè duì sū qín
人都认为他没有出息，谁也不愿意搭理他。这对苏秦
de cì jī fēi cháng dà tā fā shì yí dìng yào chū rén tóu dì
的刺激非常大，他发誓一定要出人头地。

yú shì tā kāi shǐ fā fèn dú shū kùn le jiù yòng zhuī zi cì zì jǐ de dà
于是他开始发愤读书，困了就用锥子刺自己的大
tuǐ lái tí shén jīng guò yí duàn shí jiān de kǔ dú tā jīng tōng jiāng tài gōng bīng
腿来提神。经过一段时间的苦读，他精通姜太公兵
fǎ shú xi gè guó de dì xíng zhèng zhì qíng kuàng hé jūn shì lì liàng yǐ jí gè
法，熟悉各国的地形、政治情况和军事力量，以及各
zhū hóu de xīn lǐ zhuàng tài tí chū liù guó lián hé duì fu qín guó de hé zòng shù
诸侯的心理状态，提出六国联合对付秦国的合纵术，
dé dào liù guó jūn wáng de xìn rèn yí xià zi shēn pèi liù guó xiàng yìn chéng wéi
得到六国君王的信任，一下子身佩六国相印，成为
dāng shí xiǎn hè tiān xià de míng rén
当时显赫天下的名人。

天津杨柳青年画《六国封相》，讲述苏秦身佩六国相印，衣锦还乡的故事

pān 潘

历代名人

潘　岳：西晋文学家。

潘季驯：明朝水利家，治理黄河很有成效。

潘　耒：清朝学者，康熙年间参与纂修《明史》。

姓氏溯源

潘姓主要有三种来源：一是出自姬姓，是周文王儿子毕公高的后代，毕公高把儿子季孙封在潘地，其子孙便以封地为姓。二是出自芈姓，始祖是春秋时楚国的潘崇。三是出自北方的鲜卑族。

故事

转柏枝的传说

xī jìn yǒu gè wén xué jiā jiào pān
西晋有个文学家叫潘
yuè zì yòu cōng yǐng guò rén xiāng rén
岳，自幼聪颖过人，乡人
chēng tā wéi qí tóng hòu lái pān
称他为“奇童”。后来，潘
yuè dān rèn hé yáng lìng tā qín yú zhèng
岳担任河阳令，他勤于政
shì qīng zhèng lián míng guān xīn bǎi xìng
事，清正廉明，关心百姓，
chàng dǎo dà jiā duō zhòng guǒ mù hé yáng
倡导大家多种果木，河阳

清光绪刻本《萧山钱清北祠潘氏宗谱》中的潘岳画像

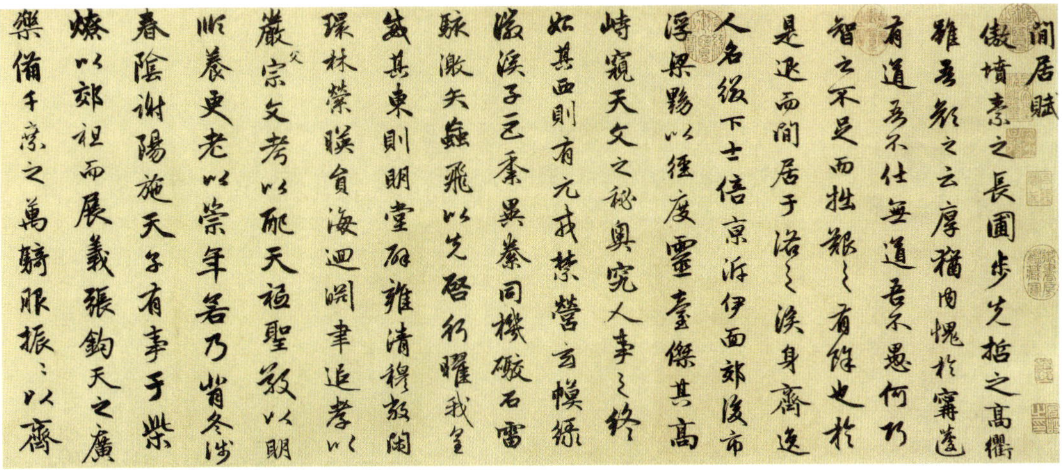

元赵孟頫行书西晋潘岳名篇《闲居赋》（局部）

县因此林木葱葱，被称为“花县”。为了感谢潘岳造福乡里的贡献，德高望重的乡绅献上一株翠柏，潘岳十分高兴，当即种下。柏树扎根后，长得枝繁叶茂。

后来，潘岳调到江苏任职，河阳县换了几任县令，个个贪得无厌，百姓怨声载道。据说，那株翠柏气得怒火中烧，枯黄了枝干，唯有东南一枝思念着原先的主人，依然翠绿。此后，潘岳又到洛阳任职，翠柏的枝叶跟着转变方向，指向洛阳，因此人们称它为“转柏枝”，和潘岳的美名一起流传到后代。

fàn

范

历代名人

范　蠡：春秋末年越国政治家。
范　晔：南朝宋史学家，著有《后汉书》。
范　缜：南朝齐梁时唯物主义哲学家和无神论者，著有《神灭论》。
范仲淹：北宋政治家、文学家。

姓氏溯源

范姓主要有两种来源：一是出自祁（qí）姓，为杜氏的后裔。春秋时，杜伯的后代士会被晋国封在范地，士会的子孙便以封邑为姓，世代姓范。二是出自外族，晋朝时，范文的后代成为范姓的一支。

故事

功夫不负有心人

fàn zhòng yān shì běi sòng zhù míng zhèng zhì
范仲淹是北宋著名政治
jiā wén xué jiā zì yòu jiā jìng pín hán
家、文学家，自幼家境贫寒，
dàn tā dú shū shí fēn kè kǔ èr shí yī suì
但他读书十分刻苦。二十一岁
shí tā qù cháng shān de lǐ quán sì dú shū
时，他去长山的醴泉寺读书，
jīng cháng yí gè rén bàn dēng kǔ dú hòu
经常一个人伴灯苦读。后
lái tā cí bié mǔ qīn dú zì qián wǎng nán
来，他辞别母亲，独自前往南

清人绘《历代名臣像解》中的范仲淹画像

jīng qiú xué zài nà lǐ bù jǐn yǒu míng shī jiāo shū hái yǒu xǔ duō shū jí kě gōng
京求学，在那里不仅有名师教书，还有许多书籍可供
yuè lǎn
阅览。

fàn zhòng yān bù fēn zhòu yè de kǔ dú wǔ nián li wèi céng tuō guo yī fu
范仲淹不分昼夜地苦读，五年里未曾脱过衣服
shuì jiào kùn dào jí diǎn jiù yòng liáng shuǐ xǐ liǎn lái qū chú juàn yì tā de
睡觉，困到极点，就用凉水洗脸，来驱除倦意。他的
shí wù hěn bù chōng yù dàn
食物很不充裕，但
tā yì diǎn er yě bú zài
他一点儿也不在
yì xīn si quán dōu yòng zài
意，心思全都用在
dú shū shang gōng fu bú
读书上。功夫不
fù yǒu xīn rén jīng guò wǔ
负有心人，经过五
nián hán chuāng kǔ dú fàn
年寒窗苦读，范
zhòng yān chéng wéi yí gè jīng
仲淹成为一个精
tōng rú jiā jīng diǎn de bó xué
通儒家经典的博学
zhī rén tā kǎo zhòng jìn
之人。他考中进
shì hòu lái hái zuò le zǎi
士，后来还做了宰
xiàng chéng wéi zhōng guó lì
相，成为中国历
shǐ shang yǒu yǐng xiǎng de zhèng
史上有影响的政
zhì jiā hé wén xué jiā
治家和文学家。

明涂时相编《养蒙图说》插图《画粥断齑》，描绘范仲淹生活艰苦，读书时每日将冷粥割成数块与咸菜同食的场景

lǔ

鲁

历代名人

鲁　班：春秋时的能工巧匠，被后世尊为建筑工匠、木匠的祖师。

鲁仲连：战国策士，善谋略，常周游各国，排难解纷。

鲁　肃：三国时东吴名将，学问好，品行端，又有谋略。

姓氏溯源

鲁姓主要出自姬姓，是周公旦的后代。西周武王分封时，周公被封在东方的鲁国，由于要留在都城辅佐周王，于是就派儿子伯禽去了鲁国。战国时，鲁国被楚国灭掉，其子孙就以国为姓，世代相传。

故事

巧匠鲁班

lǔ bān shì zhōng guó gǔ dài yōu xiù de gōng jiàng hé jié chū de fā míng jiā, jù shuō jīn tiān mù jiàng shǐ yòng de jù jiù shì yóu tā fā míng de。

鲁班是中国古代优秀的工匠和杰出的发明家，据说今天木匠使用的锯就是由他发明的。

清代年画中的鲁班画像

xiāng chuán yǒu yì nián, lǔ bān jiē shòu le jiàn zhù yí zuò jù dà gōng diàn de rèn wu。zhè zuò gōng diàn xū yào hěn duō mù

相传有一年，鲁班接受了建筑一座巨大宫殿的任务。这座宫殿需要很多木

河北武强年画《赵州石桥》，桥下站立者为鲁班，他是春秋时期的能工巧匠，被尊为工匠祖师

liào lǔ bān de tú dì men suī rán qǐ zǎo tān hēi de qù kǎn shù què yuǎn yuǎn bù
料，鲁班的徒弟们虽然起早贪黑地去砍树，却远远不
néng mǎn zú gōng chéng de xū yào yǎn kàn gōng chéng qī xiàn yuè lái yuè jìn zhè
能满足工程的需要。眼看工程期限越来越近，这
kě jí huài le lǔ bān tā jué dìng qù shān shang kàn kan kǎn shù de qíng kuàng shàng
可急坏了鲁班，他决定去山上看看砍树的情况。上
shān de shí hou lǔ bān wú yì zhōng zhuā le yì zhǒng shān shang de yě cǎo shǒu yí
山的时候，鲁班无意中抓了一种山上的野草，手一
xià zi bèi huá pò le lǔ bān zǐ xì yí kàn fā xiàn xiǎo cǎo de yè zi shang yǒu
下子被划破了。鲁班仔细一看，发现小草的叶子上有
xǔ duō xì xì de jù chǐ tā shēn shòu qǐ fā huí qù hòu ràng rén zuò chéng yǒu jù
许多细细的锯齿。他深受启发，回去后让人做成有锯
chǐ de tiě piàn yòng zhè zhǒng tiě piàn jù shù yòu kuài yòu shěng lì dà dà tí gāo
齿的铁片，用这种铁片锯树又快又省力，大大提高
le gōng chéng xiào lǜ
了工程效率。

mǎ

马

历代名人

马　援：东汉名将，屡立战功。
马　融：东汉经学家、文学家。
马　超：三国时蜀汉将军。
马致远：元朝戏曲作家、散曲家，“元曲四大家”之一。

姓氏溯源

马姓主要出自嬴姓，形成于战国时期。赵惠文王时，赵奢奉命抗击秦军，获胜后被封在马服，称马服君。他的子孙最初以“马服”为姓，后改姓马。

故事

马革裹尸

mǎ yuán shì dōng hàn míng jiàng,
马援是东汉名将，
tā zhì xiàng yuǎn dà, yīng yǒng shàn zhàn,
他志向远大，英勇善战，
bèi guāng wǔ dì liú xiù fēng wéi fú bō jiāng jūn.
被光武帝刘秀封为伏波将军。

mǎ yuán liù shí èr suì shí, biān jìng yòu fā shēng zhàn shì, tā xiàng guāng
马援六十二岁时，边境又发生战事，他向光

清人绘马援画像

武帝请战。光武帝认为他年纪太大，没有答应。马援却不服老，坚决要求出征。他慷慨激昂地说：“男子汉大丈夫为了保卫国家边疆，就应当战死沙场，用马皮包裹着尸体运回故土，怎么能待在家里，老死在妻儿身边呢？”光武帝被他的精神所感动，只好命他为帅，领兵出征。后来，马援不幸病死在军中，他用实际行动实现了自己“马革裹尸”的宏愿。

近代马骀绘《历代名将画谱》之《聚米为山》，讲述马援用米堆成山川地势模型，为刘秀讲解西征隗嚣军事形势的故事

fāng

方

历代名人

方　腊：北宋末年浙江农民起义首领。

方以智：明末清初思想家、科学家。

方　苞：清朝散文家，桐城派创始人。

姓氏溯源

方姓主要有三种来源：一是出自姬姓。周宣王时封方叔于洛，其子孙便以他的字为姓。二是出自方雷氏及方相氏的后裔。三是出自姬姓，为西周昭王子孙的后裔。

故事

方腊起义

bĕi sòng huī zōng shí qī
北宋徽宗时期，
shēng huó shē mí wú dù　guān lì
生活奢靡无度，官吏
héng zhēng bào liăn　jiā shàng duì
横征暴敛，加上对
liáo　xià suì bì de gòng shū yĭ jí
辽、夏岁币的贡输以及
huā shí gāng　de sāo răo　zhì
“花石纲”的骚扰，致
shĭ jiāng zhè dì qū băi xìng de shēng
使江浙地区百姓的生
huó xiàn rù jué jìng　qīng xī rén fāng
活陷入绝境。青溪人方

清彩绘本《帝鉴图说》插图《应奉花石》，描绘地方官府征调百姓为宋徽宗准备“花石纲”的场景

là yú shì lì yòng mì mì liú xíng yú dāng dì de mó ní jiào zǔ zhī le yì zhī shù
腊于是利用秘密流行于当地的摩尼教，组织了一支数
wàn rén de duì wu gōng qǔ xiàn chéng hòu lián xià liù zhōu liù shí yú xiàn duì wu
万人的队伍，攻取县城后，连下六州六十余县，队伍
xùn sù fā zhǎn dào jìn bǎi wàn rén
迅速发展到近百万人。

sòng huī zōng yí miàn xià lìng chè xiāo yìng fèng jú zào zuò jú miǎn qù zhū
宋徽宗一面下令撤销应奉局、造作局，免去朱
miǎn děng rén de zhí wù yí miàn pài tóng guàn shuài shí wǔ wàn dà jūn dù jiāng zhèn
勔等人的职务，一面派童贯率十五万大军渡江镇
yā qǐ yì jīng guò jī liè de zhàn dòu qī wàn qǐ yì jūn zhuàng liè xī shēng
压起义。经过激烈的战斗，七万起义军壮烈牺牲，
fāng là yě bèi fú lǔ yā dào kāi fēng hòu yīng yǒng jiù yì suí hòu qí tā gè
方腊也被俘虏，押到开封后英勇就义。随后，其他各
lù qǐ yì jūn yě xiāng jì shī lì fāng là qǐ yì shī bài
路起义军也相继失利，方腊起义失败。

清末年画《武松擒方腊》，讲述梁山好汉与方腊作战，武松被方腊砍断手臂，最终单臂活捉方腊的故事

yuán

袁

历代名人

袁　绍：东汉末年军阀。
袁崇焕：明朝军事家。
袁　枚：清朝诗人、散文家。

姓氏溯源

袁姓来源比较单一，主要出自妫姓，是舜帝的后代。周武王分封时，舜帝的后代被封为陈侯，名叫陈胡满。陈胡满的后代中有个叫陈伯爰的，他的孙子涛涂便以祖父的字为姓，称袁氏。

清叶衍兰绘袁枚画像

故事

为豆腐折腰

yuán méi shì qīng cháo zhù míng shī rén sǎn
袁枚是清朝著名诗人、散
wén jiā cái huá chū zhòng shī wén jué guàn jiāng
文家，才华出众，诗文绝冠江
nán tā yǔ jǐ xiǎo lán qí míng bèi shí rén
南。他与纪晓岚齐名，被时人
chēng wéi nán yuán běi jǐ yuán méi bù jǐn
称为“南袁北纪”。袁枚不仅
cái huá héng yì hái xǐ huan měi shí shì yí
才华横溢，还喜欢美食，是一

wèi pēng rèn zhuān jiā tā suǒ zhù de suí yuán shí dān xiáng xì jì shù le yuán
位烹饪专家。他所著的《随园食单》详细记述了元
míng nián jiān liú xíng de zhǒng cài yáo fàn diǎn míng jiǔ bèi shì wéi pēng tiáo
明年间流行的326种菜肴、饭点、名酒，被视为烹调
shèng běn
“圣本”。

yuán méi tí chàng chī dòu fu tā shuō dòu fu kě yǐ yǒu gè zhǒng chī fǎ
袁枚提倡吃豆腐，他说豆腐可以有各种吃法，
shén me měi shí dōu kě yǐ jiā dào dòu fu li yǒu yì tiān háng zhōu yí wèi míng shì
什么美食都可以加到豆腐里。有一天，杭州一位名士
qǐng tā chī dòu fu yuán méi jiàn dòu fu jié bái rú xuě ér qiě chī qǐ lái qīng nèn
请他吃豆腐，袁枚见豆腐洁白如雪，而且吃起来清嫩
xiān měi biàn qǐng jiào zhǔ rén dòu fu de zuò fǎ zhǔ rén xiào zhe shuō gǔ dài táo
鲜美，便请教主人豆腐的做法。主人笑着说：“古代陶
yuān míng bú wèi wǔ dǒu mǐ zhé yāo rú guǒ nǐ kěn wèi dòu fu zhé yāo wǒ jiù gào
渊明不为五斗米折腰，如果你肯为豆腐折腰，我就告
su nǐ yuán méi lì jí gōng shēn shī lǐ zhǔ rén xiào zhe gào su tā dòu fu de
诉你。”袁枚立即躬身施礼，主人笑着告诉他豆腐的
zuò fǎ cǐ shì yì shí jiān chuán wéi měi tán zài yuán méi de chàng dǎo xià dòu
做法，此事一时间传为美谈。在袁枚的倡导下，豆
fu bèi liè rù jiā yáo guǎng wéi liú xíng
腐被列入佳肴，广为流行。

清尤诏、汪恭绘《随园湖楼请业图》(局部)，描绘袁枚随园的生活场景

liǔ

柳

历代名人

柳宗元：唐朝文学家、哲学家，“唐宋八大家”之一，与韩愈齐名，并称“韩柳”。

柳公权：唐朝书法家，擅长楷书。

柳　永：北宋词人，对宋词发展有一定影响。

姓氏溯源

柳姓主要有两种来源：一是由展姓发展而来，春秋时鲁国有个主管刑狱的人叫展禽，受封于柳下，人称柳下惠，其子孙便以封地为姓。二是楚怀王的孙子，秦末时被项羽等人推举为首领，在柳城建都，其子孙便以柳为姓。

故事

柳公权拜师

清殿藏本柳公权画像

liǔ gōng quán shì táng cháo zhù míng shū
柳公权是唐朝著名书
fǎ jiā tā xiǎo de shí hou yǒu yì tiān hé
法家。他小的时候，有一天和
jǐ gè xiǎo huǒ bàn bǐ xiě zì yí gè mài dòu
几个小伙伴比写字，一个卖豆
fu de lǎo rén jiàn tā kuā zì jǐ de zì hǎo
腐的老人见他夸自己的字好，
jué de tā tài jiāo ào biàn zhòu zhe méi tóu
觉得他太骄傲，便皱着眉头
shuō zhè zì bìng bù hǎo hǎo xiàng wǒ de
说：“这字并不好，好像我的

dòu fu yí yàng méi yǒu jīn gǔ liǔ gōng quán yì tīng bù gāo xìng le fēi ràng
豆腐一样，没有筋骨。”柳公权一听不高兴了，非让
lǎo rén xiě jǐ gè zì ràng tā kàn kan lǎo rén shuō wǒ bú huì xiě zì kě
老人写几个字让他看看。老人说：“我不会写字，可
yǒu rén yòng jiǎo dōu bǐ nǐ xiě de hǎo ne bú xìn nǐ dào huá jīng chéng li qù
有人用脚都比你写得好呢！不信，你到华京城里去
kàn kan
看看。”

dì èr tiān liǔ gōng quán lái dào huá jīng chéng zài yì kē shù xià jiàn dào
第二天，柳公权来到华京城，在一棵树下见到
yí gè méi yǒu shuāng bì de lǎo rén zhèng yòng yòu jiǎo jiā bǐ huī sǎ zì rú
一个没有双臂的老人，正用右脚夹笔，挥洒自如
de xiě zhe duì lián liǔ gōng quán guì dǎo zài lǎo rén miàn qián yào bài tā wéi shī
地写着对联。柳公权跪倒在老人面前，要拜他为师。
lǎo rén gào su tā zhǐ yǒu qín xué kǔ liàn cái néng xiě hǎo zì liǔ gōng quán
老人告诉他，只有勤学苦练，才能写好字。柳公权
láo jì lǎo rén de huà cóng cǐ fā fèn liàn zì zuì zhōng chéng wéi zhù míng de shū
牢记老人的话，从此发奋练字，最终成为著名的书
fǎ jiā
法家。

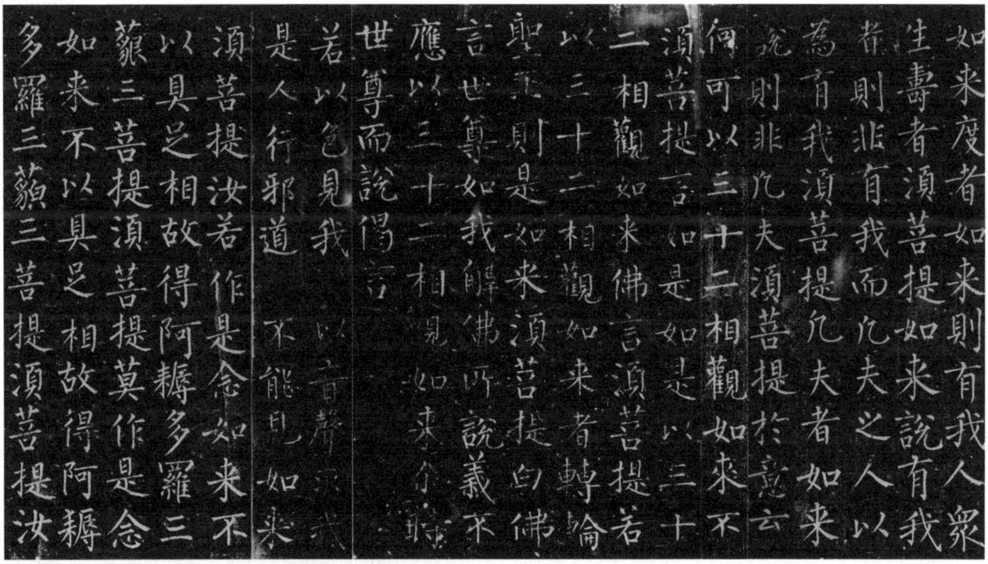

柳公权楷书《金刚经》碑刻拓片（局部）

shǐ

史

历代名人

史　鱼：春秋时卫国史官，以正直著称。

史思明：唐朝节度使，“安史之乱”的发动者之一。

史可法：抗清名将，清军围攻扬州时，拒降坚守，不屈被杀。

姓氏溯源

史姓来源比较复杂，一是出自黄帝时创造文字的史官仓颉（jié），他的后代中有以官为姓的。二是出自西周太史佚的后代。三是出自隋唐时西域的史国，为“昭武九姓”之一。四是出自突厥族阿史那氏改姓。

故事

英雄史可法

míng cháo miè wáng hòu　fú wáng zhū

明朝灭亡后，福王朱

yóu sōng zài nán jīng jiàn lì nán míng zhèng

由崧在南京建立南明政

quán　bīng bù shàng shū shǐ kě fǎ zhǔ dòng

权，兵部尚书史可法主动

yāo qiú shuài jūn duì qù dǐ kàng qīng jūn

要求率军队去抵抗清军，

zhù zhā zài yáng zhōu chéng　hòu lái　qīng

驻扎在扬州城。后来，清

清佚名绘史可法画像

jūn gōng dào yáng zhōu chéng xià qīng
军攻到扬州城下，清
jiàng duō duó pài rén dào chéng li quàn xiáng
将多铎派人到城里劝降
shǐ kě fǎ yì lián pài le wǔ gè rén
史可法，一连派了五个人，
dōu bèi shǐ kě fǎ jù jué duō duó nǎo
都被史可法拒绝。多铎恼
xiū chéng nù xià lìng bāo wéi yáng zhōu
羞成怒，下令包围扬州
chéng shǐ kě fǎ zhào jí quán chéng guān
城。史可法召集全城官
bīng miǎn lì tā men tóng xīn xié lì dǐ
兵，勉励他们同心协力抵
kàng qīng jūn bìng duō cì dǎ bài gōng
抗清军，并多次打败攻
chéng de qīng jūn zuì hòu duō duó
城的清军。最后，多铎
yòng dà pào zhà kāi chéng qiáng gōng rù
用大炮炸开城墙，攻入
chéng nèi shǐ kě fǎ jiàn wú fǎ shǒu zhù
城内，史可法见无法守住
chéng chí zhǔn bèi bá jiàn zì shā bèi
城池，准备拔剑自杀，被
jiàng shì men quàn zhù tā men chè tuì
将士们劝住。他们撤退
shí bèi qīng jūn fā xiàn wèi le bù
时，被清军发现，为了不
lián lei bié rén shǐ kě fǎ tǐng shēn ér
连累别人，史可法挺身而
chū jié guǒ bèi qīng jūn shā hài
出，结果被清军杀害。

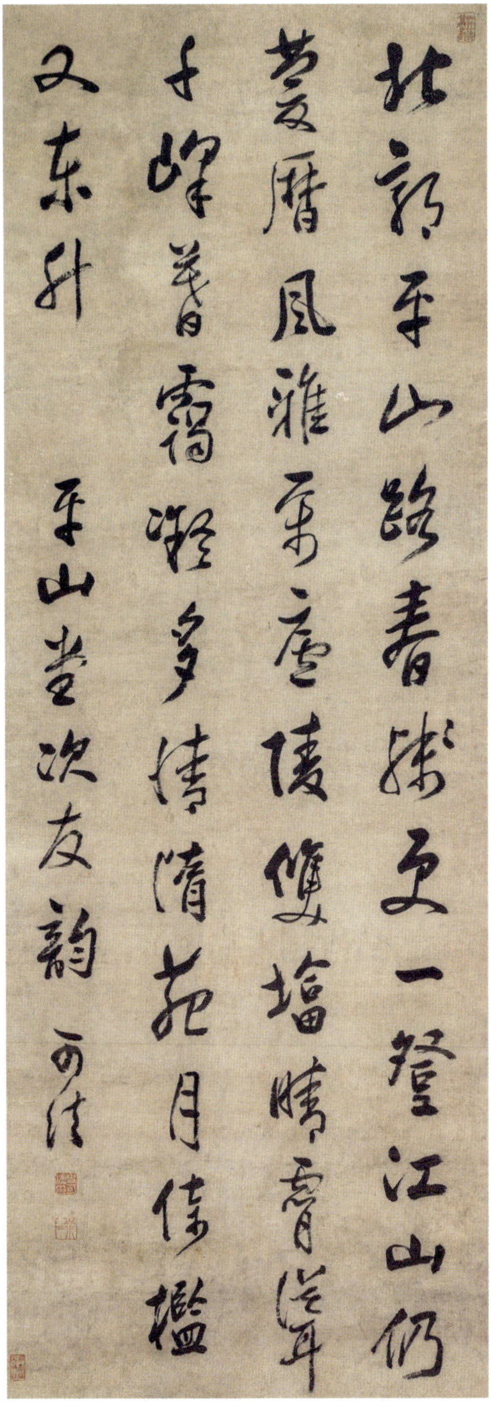

明史可法行书五言诗立轴

táng

唐

历代名人

唐　寅：明朝画家、文学家。

唐赛儿：明初山东农民起义首领。

唐才常：清末维新派人物，戊戌变法后因“勤王”被杀。

姓氏溯源

唐姓主要有三种来源：一是出自祁姓，是黄帝的后代。二是出自姬姓，周成王将叔虞封在唐地，叔虞的子孙便以封邑为姓。三是出自东汉时他族加入唐姓。

故事

唐寅学画

táng yín shì míng cháo zhù míng huà jiā shào
唐寅是明朝著名画家，少
nián shí shì cái ào wù fàng dàng bù jī dàn zài
年时恃才傲物，放荡不羁，但在
mǔ qīn de jiào yù hé míng shī shěn zhōu de zhǐ dǎo
母亲的教育和名师沈周的指导
xià zuì zhōng chéng wéi zhù míng huà jiā shào nián
下，最终成为著名画家。少年
táng yín huà huà bú cuò fù guì rén jiā cháng qǐng
唐寅画画不错，富贵人家常请
tā zuò huà táng yín yīn cǐ jiāo ào qǐ lái mǔ
他作画，唐寅因此骄傲起来。母
qīn pà tā cháng cǐ yǐ wǎng nán yǒu chéng jiù jiù
亲怕他长此以往难有成就，就

清人绘《历代名臣像解》中的唐寅画像

ràng tā qù bài zhù míng huà shī shěn zhōu wéi shī zài shěn zhōu de zhǐ diǎn xià táng
让他去拜著名画师沈周为师。在沈周的指点下，唐
yín jìn bù hěn kuài yì tiān táng yín ná chū zì jǐ de huà hé lǎo shī de huà
寅进步很快。一天，唐寅拿出自己的画和老师的画
bǐ le bǐ jué de yǐ jīng bù xiāng shàng xià bù jīn àn zì gāo xìng jué dìng
比了比，觉得已经不相上下，不禁暗自高兴，决定
huí jiā shěn zhōu kàn chū le tā de xīn si jiù ràng qī zi zhǔn bèi fàn cài wèi tā
回家。沈周看出了他的心思，就让妻子准备饭菜为他
jiàn xíng
饯行。

fàn cài bǎi zài hòu huā yuán de yì jiān xiǎo wū li táng yín yí jìn wū zhǐ
饭菜摆在后花园的一间小屋里，唐寅一进屋，只
jiàn yǒu sì shàn mén què méi yǒu yí shàn chuāng zi tā hào qí de shùn zhe mén
见有四扇门，却没有一扇窗子。他好奇地顺着门
gé zi xiàng wài wàng qù jiàn mén wài huā hóng liǔ lǜ biàn xiǎng kāi mén kàn kan
格子向外望去，见门外花红柳绿，便想开门看看
fēng jǐng bú liào bèi mén gé zi pèng le yí xià tā qù kāi lìng yí shàn mén yòu
风景，不料被门格子碰了一下；他去开另一扇门，又
ràng mén gé zi pèng le yí xià zài qù kāi dì sān shàn mén zhè huí pèng de gèng
让门格子碰了一下；再去开第三扇门，这回碰得更
lì hai le yuán lái zhè sān shān mén dōu shì shěn zhōu huà zài qiáng bì shang
厉害了。原来这三扇“门”都是沈周画在墙壁上
de táng yín lì kè xǐng wù guò lái guì zài shěn zhōu miàn qián shuō lǎo shī
的！唐寅立刻醒悟过来，跪在沈周面前，说：“老师，
wǒ bù xiǎng huí jiā le ràng wǒ zài gēn nín xué sān nián ba cóng cǐ táng yín
我不想回家了，让我再跟您学三年吧！”从此，唐寅
zhuān xīn zhì zhì de gēn shěn zhōu xué huà huà jì bú duàn tí gāo
专心致志地跟沈周学画，画技不断提高。

明唐寅绘《溪山渔隐图》（局部）

xuē

薛

历代名人

薛仁贵：唐朝大将，随李世民南征北战，屡立战功，民间有许多关于他的故事流传。

薛　稷：唐朝书画家，为“唐初四大书家”之一。

薛福成：清末外交官、政论家。

姓氏溯源

薛姓主要有三种来源：一是出自黄帝时的任姓，为奚仲的后代。二是出自舜帝时的妫姓，为战国时期孟尝君的后裔。三是出自他姓或他族改姓。

故事

三箭定天山

xuē rén guì shì zhōng guó lì shǐ shang
薛仁贵是中国历史上
hè hè yǒu míng de dà jiàng dǎn lüè guò
赫赫有名的大将，胆略过
rén wǔ yì chū zhòng yīng yǒng shàn zhàn
人，武艺出众，英勇善战。
zài suí táng tài zōng zhēng gāo lí shí gōng
在随唐太宗征高丽时，攻
chéng lüè dì suǒ xiàng wú dí bèi fēng
城略地，所向无敌，被封
wéi yóu jī jiāng jūn
为游击将军。

dāng shí běi fāng de tū jué zú
当时，北方的突厥族

清人绘薛仁贵画像

严重威胁唐朝的安全，经常入侵中原地区。公元661年，薛仁贵率军征伐突厥。突厥族派十几万大军迎战，并选出几十个骁勇的将士向唐军挑战。薛仁贵一马当先，三箭将三个挑战者射落马下，其余的突厥兵吓得下马投降，薛仁贵趁势率军击败突厥大军。后来，唐军中流传着“将军三箭定天山，壮士长歌入汉关”的歌谣，薛仁贵的威名也随之传播四方。

近代马骀绘《历代名将画谱》之《天山三箭》，讲述薛仁贵三箭定天山的故事

hè

贺

历代名人

贺若弼：隋朝大将。
贺知章：唐朝诗人，与李白友善。
贺　铸：北宋词人，其词风格多样。

姓氏溯源

贺姓主要出自姜姓，是为避帝王名讳所改的姓氏。春秋时，齐桓公的曾孙庆封因内乱逃到吴国，后代传到东汉时，为避汉安帝父亲刘庆的名讳，将姓“庆”改为同义的“贺”字。

故事

金龟换酒

táng cháo shí yǒu gè zhù míng de shī
唐朝时，有个著名的诗
rén jiào hè zhī zhāng tā xìng gé zhí shuǎng
人叫贺知章，他性格直爽，
huò dá jiàn tán dāng shí de dá guān xián shì
豁达健谈，当时的达官贤士
shí fēn yǎng mù tā dōu yuàn yì hé tā jiāo
十分仰慕他，都愿意和他交
péng you hè zhī zhāng suī rán míng qi hěn
朋友。贺知章虽然名气很
dà dàn tè bié ài xī rén cái rè qíng de
大，但特别爱惜人才，热情地
tí xié shī tán hòu bèi dāng tā zài jīng chéng
提携诗坛后辈。当他在京城

明刻本《三才图说》中的贺知章画像

shēn jū yào zhí shí lǐ bái hái shi yí gè chū lù tóu jiǎo de shī rén hè zhī
身居要职时，李白还是一个初露头角的诗人。贺知
zhāng dú le lǐ bái de shǔ dào nán yì shī hòu zàn tàn bù yǐ chēng lǐ
章读了李白的《蜀道难》一诗后，赞叹不已，称李
bái shì zhé xiān
白是“谪仙”。

yí cì liǎng rén xiāng yù suī nián líng chà le sì shí duō suì dàn yí
一次，两人相遇，虽年龄差了四十多岁，但一
jiàn rú gù kāi huái chàng yǐn chéng wéi wàng nián zhī jiāo nà tiān hè zhī
见如故，开怀畅饮，成为忘年之交。那天，贺知
zhāng méi yǒu dài qián tā jìng háo bù yóu yù de jiāng xiǎn shì guān pǐn jí bié de jīn
章没有带钱，他竟毫不犹豫地将显示官品级别的金
guī zhāi xià huàn qǔ jiǔ cài hòu lái zài tā de tuī jiàn xià lǐ bái míng
龟摘下，换取酒菜。后来，在他的推荐下，李白名
zhèn tiān xià ér jīn guī huàn jiǔ de gù shi yě chéng wéi qiān gǔ chuán
震天下。而“金龟换酒”的故事，也成为千古传
sòng de měi tán
颂的美谈。

明杜堇绘《古贤诗意图》之《饮中八仙》，将贺知章、李琎、李適之、崔宗之、苏晋、李白、张旭、焦遂八人各种醉态刻画得淋漓尽致

ní

倪

历代名人

倪　萌：西汉末年著名孝子，以仁义敦厚闻名。
倪　瓒：元朝画家，善画山水，为“元四家”之一。
倪　灿：清初学者、史志目录学家。

姓氏溯源

倪姓主要出自姬姓，是黄帝的后裔。春秋时期，邾武公将儿子封在郳（ní），建立郳国，他的子孙便以国为姓，亡国后为了避仇，改郳为倪。

故事

兄弟情深

xī hàn mò nián， yǒu yì nián nào zāi
西汉末年，有一年闹灾
huāng， āi hóng biàn yě， xǔ duō bǎi xìng wú
荒，哀鸿遍野，许多百姓无
fǎ shēng huó xià qù， fēn fēn wài chū táo shēng。
法生活下去，纷纷外出逃生。
zài yí gè xiǎo chéng li yǒu xiōng dì èr rén，
在一个小城里有兄弟二人，
gē ge jiào ní qǐ， dì di jiào ní méng， tā
哥哥叫倪启，弟弟叫倪萌，他
liǎ yě xiǎng wài chū táo shēng， dàn bù rěn xīn
俩也想外出逃生，但不忍心

西汉昭明铭镜

南宋马和之绘《孝经图》之一，描绘百姓家庭的和谐生活

diū xià bìng zhòng de mǔ qīn yú shì biàn jué dìng liú xià lái tā men tīng rén shuō
丢下病重的母亲，于是便决定留下来。他们听人说
chéng wài de yě dì li yǒu kě gōng chōng jī de yě cài biàn chū chéng qù cǎi zhāi
城外的野地里有可供充饥的野菜，便出城去采摘。
kě tā men gāng zhāi le bàn lán zi yě cài jiù bèi jǐ gè qiáng dào cóng bèi hòu
可他们刚摘了半篮子野菜，就被几个强盗从背后
dǎ hūn yuán lái shì jī è de rén zhǔn bèi jiāng tā men shā le chī diào ní méng
打昏，原来是饥饿的人准备将他们杀了吃掉。倪萌
sū xǐng hòu dà shēng duì qiáng dào shuō gē ge bǐ wǒ shòu nǐ men hái shi
苏醒后，大声对强盗说：“哥哥比我瘦，你们还是
chī wǒ ba fàng le wǒ gē ge jiā zhōng de mǔ qīn hái xū yào tā qù zhào gù
吃我吧，放了我哥哥，家中的母亲还需要他去照顾
ne qiáng dào bèi tā de xiào tì xíng wéi suǒ gǎn dòng shāng liang le yí xià
呢。”强盗被他的孝悌行为所感动，商量了一下，
jiù bǎ xiōng dì liǎ gěi fàng le
就把兄弟俩给放了。

bì

毕

历代名人

毕　昇：北宋发明家，首创活字版印刷术，在世界发明史上享有重要地位。

毕再遇：南宋抗金将领。

毕　沅：清朝学者、文学家。

姓氏溯源

毕姓主要有两种来源：一是出自姬姓，周武王分封时，将哥哥毕公高封在毕国，后来毕国灭亡，毕公高的后人便以国为姓。二是出自少数民族改姓或少数民族姓氏。

故事

撑伞借箭

南宋时，将军毕再遇被金兵包围在马鞍山，由于金兵天天攻城，城里的箭用得一干二净，如果金兵再继续攻城，就很难抵

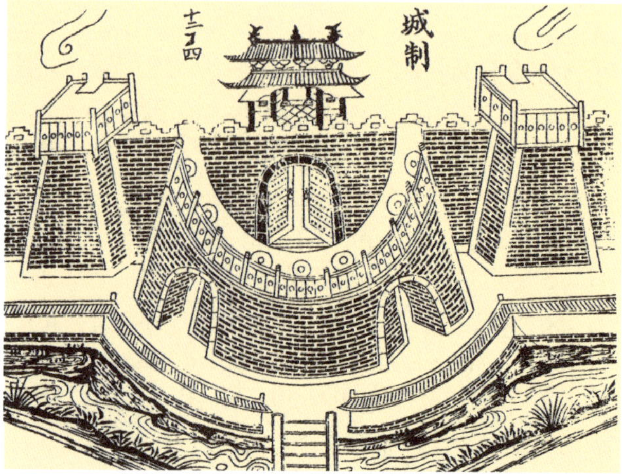

明刊本《武经总要》中的《城制图》，详细绘制了古代城池的防守设施情况

挡了。毕再遇苦苦思索对策，突然瞥见正在微微移动的伞盖，于是灵机一动，想出一个让金兵“送”箭的好办法。

毕再遇叫来五十名勇士，让他们撑起大伞在城头上来回走动。城外的金兵见城头上青伞盖出现，以为是毕再遇出来巡视，便都想射死他，立个头功，于是争先恐后地向城头上射箭。就这样，从中午到傍晚，毕再遇从金兵那里顺利地“借”了二十万支箭，而金兵却还都蒙在鼓里呢。

清刻本《百将图说》之《建旗骇敌》，讲述金兵见到毕再遇的旗帜“毕将军”望风而逃的故事

hǎo

郝

历代名人

郝　隆：东晋名士，生性诙谐。

郝　定：金末山东红袄军首领。

郝懿行：清朝经学家、训诂学家。

姓氏溯源

郝姓主要有三种来源：一是出自子姓，其始祖为商朝的帝乙。帝乙即位后，将儿子子期封于太原郝乡，子期的子孙便世代姓郝。二是出自复姓郝省氏。三是出自古代南方少数民族。

清丁善长绘《历代画像传》中的郝隆画像

故事

郝隆晒书

gǔ shí hou měi nián de liù
古时候，每年的六
yuè chū liù rén men dōu yào bǎ yī
月初六，人们都要把衣
wù shū jí děng bān dào shì wài liàng
物、书籍等搬到室外晾
shài zhè yì xí sú bèi chēng wéi
晒，这一习俗被称为
pù shài jié
“曝晒节”。
xiāng chuán dōng jìn shí yǒu gè
相传东晋时有个

甘肃高台出土魏晋二牛耕地画像砖

jiào hǎo lóng de míng shì jiā li méi yǒu shén me guì zhòng de wù pǐn dàn hěn yǒu
叫郝隆的名士，家里没有什么贵重的物品，但很有
xué wen mǎn fù jīng lún liù yuè chū liù zhè tiān yǒu qián rén jiā dōu shài guì zhòng
学问，满腹经纶。六月初六这天，有钱人家都晒贵重
de yī wù yǐ bó dé dà jiā de zàn tàn ér hǎo lóng méi shén me dōng xi kě
的衣物，以博得大家的赞叹。而郝隆没什么东西可
shài jiù zuò zài tài yáng dǐ xia shài dù pí lù rén jīng wèn nǐ wèi shén me shài
晒，就坐在太阳底下晒肚皮。路人惊问：“你为什么晒
dù pí ya hǎo lóng yōu mò de shuō bié rén jiā dōu zài shài dōng xi wǒ yě
肚皮呀？”郝隆幽默地说：“别人家都在晒东西，我也
děi bǎ dù pí li de shū shài yi shài ya shí jì shàng hǎo lóng shài shū
得把肚皮里的书晒一晒呀！”实际上，郝隆“晒书”
shì zài fěng cì nà xiē bǎi kuò de fù rén zhè yě wèi pù shài jié zēng tiān le jǐ fēn
是在讽刺那些摆阔的富人，这也为曝晒节增添了几分
wén xué sè cǎi
文学色彩。

yú

于

历代名人

于　谦：明朝政治家、军事家，民族英雄。

于成龙：清朝前期大臣，被康熙誉为“清官第一”。

于成龙：清朝前期治河专家。

姓氏溯源

于姓主要有三种来源：一是出自姬姓，为周武王姬发的后代。二是出自东海（今山东东南、江苏苏北以东地区）于公的后代。三是唐朝淳于氏为避讳皇帝李纯的名，而改姓于。

故事

神童于谦

yú qiān shì míng cháo zhù míng zhèng zhì jiā jūn shì jiā zì yòu cōng míng hào xué yóu qí shàn cháng duì duì zi

于谦是明朝著名政治家、军事家，自幼聪明好学，尤其擅长对对子。

yǒu yí cì sī shú de lǎo shī wài chū fǎng yǒu xué shēng men jiàn méi yǒu lǎo shī kān guǎn biàn shuǎ nào qǐ lái

有一次，私塾的老师外出访友，学生们见没有老师看管，便耍闹起来，

清顾见龙绘于谦画像

yú qiān yě zài qí zhōng tū rán lǎo shī huí lái le jiàn tā men shuǎ nào shí
于谦也在其中。突然老师回来了，见他们耍闹，十
fēn shēng qì biàn yào chéng fá tā men yú qiān shàng qián shuō qǐng xiān sheng
分生气，便要惩罚他们。于谦上前说："请先生
bú yào zé bèi wǒ men de gōng
不要责备，我们的功
kè dōu yǐ jīng zuò hǎo le bú
课都已经做好了，不
xìn nín kǎo kao wǒ yú shì lǎo
信您考考我。"于是老
shī shuō shǒu pān wū zhù tuán tuán
师说："手攀屋柱团团
zhuàn yào tā duì xià jù yú
转。"要他对下句，于
qiān máng shuō jiǎo tà lóu tī bù
谦忙说："脚踏楼梯步
bù gāo lǎo shī yòu chū yí gè
步高。"老师又出一个
duì zi sān tiào tiào luò dì
对子："三跳跳落地。"
yú qiān dá dào yì fēi fēi shàng
于谦答道："一飞飞上
tiān lǎo shī jiàn yú qiān duì dá
天。"老师见于谦对答
rú liú zhuǎn nù wéi xǐ zài
如流，转怒为喜。在
yǐ hòu de jǐ nián li yú qiān gèng
以后的几年里，于谦更
jiā qín fèn shú dú jīng diǎn duì
加勤奋，熟读经典，对
qí zhōng de nèi róng wú suǒ bù zhī
其中的内容无所不知，
bèi rén men chēng wéi shén tóng
被人们称为"神童"。

佚名绘《八子闹学图》

kāng

康

历代名人

康　泰：三国时吴国海外旅行家。

康昆仑：唐朝琵琶演奏家。

康有为：中国近代维新派领袖，后为保皇派首领。

姓氏溯源

康姓主要有三种来源：一是出自姬姓，为周成王的弟弟康叔的后代。二是出自西域康居国王子的后裔。三是出自他族的加入或因避讳而改姓。

故事

康有为变法

康有为是清末维新运动的领导人。甲午战争后，中日商谈赔款问题，康有为集合在京举人联名上书光绪皇帝，要求变法。光绪不满慈禧太后干预朝政，也想变法，于是召

清杨鹏秋绘康有为画像

jí qún chén shāng yì guó shì rán hòu zhào jiàn le kāng yǒu wéi
集群臣商议国是，然后召见了康有为。

kāng yǒu wéi tòng chén biàn fǎ de zhòng yào xìng duì guāng xù huáng dì
康有为痛陈变法的重要性，对光绪皇帝
shuō xiàn zài wǒ men shòu dào xī fāng liè qiáng de qīn lüè rú guǒ bú biàn fǎ
说：“现在我们受到西方列强的侵略，如果不变法
de huà jiù bù néng zì qiáng biàn fǎ bì xū tǒng chóu quán jú zhòng yòng
的话，就不能自强。变法必须统筹全局，重用
xīn rén cái néng qǔ dé hǎo xiào guǒ guāng xù huáng dì shēn shòu gǎn dòng
新人，才能取得好效果。”光绪皇帝深受感动，
zhèng shì xuān bù biàn fǎ dàn yóu yú cí xǐ tài hòu hé bǎo shǒu guān liáo de zǔ
正式宣布变法。但由于慈禧太后和保守官僚的阻
náo zài jiā shàng yuán shì kǎi de chū mài biàn fǎ zhǐ wéi chí le bǎi yú tiān
挠，再加上袁世凯的出卖，变法只维持了百余天
biàn shī bài le cí xǐ tài hòu
便失败了。慈禧太后
chóng xīn chuí lián tīng zhèng bǎ
重新垂帘听政，把
guāng xù huáng dì ruǎn jìn zài yíng
光绪皇帝软禁在瀛
tái bìng xià lìng dài bǔ kāng
台，并下令逮捕康
yǒu wéi hé cān yù xīn zhèng de
有为和参与新政的
rén kāng yǒu wéi lián yè táo chū
人。康有为连夜逃出
běi jīng chéng yīng guó bīng jiàn
北京，乘英国兵舰
nán xià dào dá shàng hǎi wú sōng
南下到达上海吴淞，
zhī hòu táo dào rì běn yǐ hòu
之后逃到日本，以后
yòu zhǎn zhuǎn nán yáng bìng yóu
又辗转南洋，并游
biàn ōu měi gè guó
遍欧美各国。

清德宗（光绪）朝服像

gù

顾

历代名人

顾恺之：东晋画家，有“才绝、画绝、痴绝”之称。
顾宪成：明朝东林党领袖。
顾炎武：明清之际思想家、学者。

姓氏溯源

顾姓主要有两种来源：一是出自昆吾氏，夏代昆吾氏的子孙被封在顾国，夏末时被商汤攻灭，散居各地的顾伯子孙便以国为姓。二是出自越王勾践的后裔。

故事

思想家顾炎武

gù yán wǔ shì míng mò qīng chū de sī xiǎng jiā
顾炎武是明末清初的思想家
hé jié chū xué zhě tiān xià xīng wáng pǐ fū yǒu
和杰出学者，“天下兴亡，匹夫有
zé jiù shì tā de míng yán
责”就是他的名言。

gù yán wǔ cóng xiǎo kù ài dú shū xǔ duō
顾炎武从小酷爱读书，许多
rú jiā jīng diǎn hé zhòng yào de lì shǐ zhù zuò dōu néng
儒家经典和重要的历史著作都能
bèi sòng tā hái yuè dú lì cháo de shí lù yě
背诵。他还阅读历朝的实录、野
shǐ bǐ jì děng bìng tè bié zhù yì yán jiū xiàn shí
史、笔记等，并特别注意研究现实

清叶衍兰绘顾炎武画像

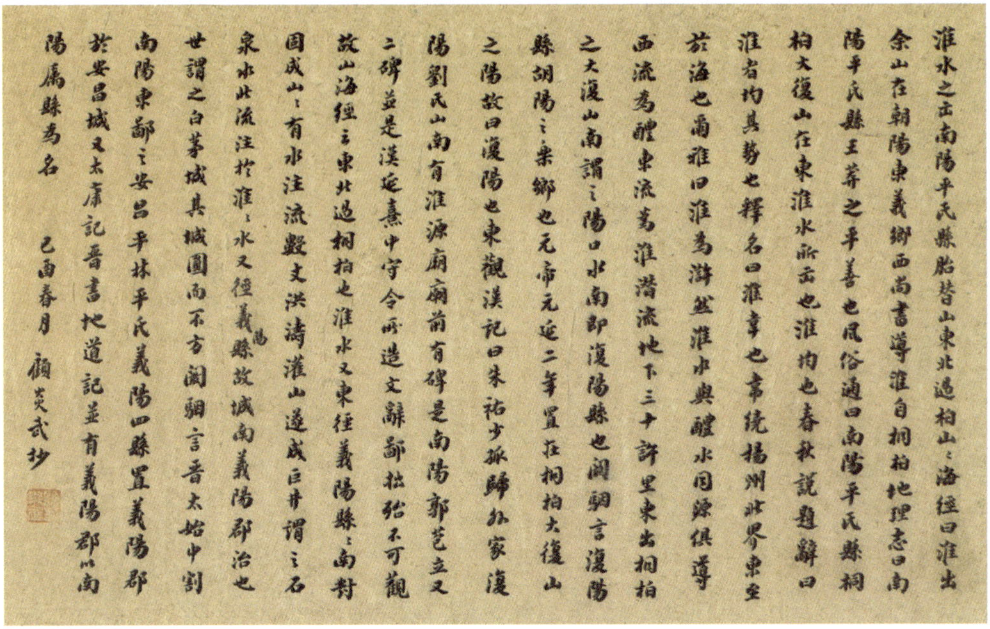

顾炎武行书节录《水经注》

问题。从四十五岁起，顾炎武先后到过山东、河北、辽宁、山西、陕西等省，一边读书，一边拜访前朝遗老，考察地理形势和经济资源。他行程二三万里，读书一万多卷，写出一部卷帙浩繁的《肇域志》，专论各地沿革、建置、山川、名胜等事。此外，他还著有《日知录》《天下郡国利病书》等名著，是中国历史上一位承前启后的大学者。

mèng

孟

历代名人

孟　子：战国时思想家、教育家，孔子学说的继承者，有“亚圣”之称。

孟　获：三国时蜀汉彝族地区首领。

孟浩然：唐朝诗人，诗与王维齐名，并称“王孟”。

姓氏溯源

孟姓主要有两种来源：一是出自春秋时的鲁国公族，是周文王的姬姓子孙，始祖为鲁桓公的儿子庆父共仲。二是出自春秋时的卫国，始祖为卫灵公之兄孟縶（zhí）。

故事

断机教子

mèng zǐ shì zhàn guó shí qī zhù míng sī xiǎng jiā hé jiào yù jiā tā xiǎo de
孟子是战国时期著名思想家和教育家。他小的

明刻本《孔门儒教列传》之《断机督责孟轲》，讲述孟母断机教子的故事

shí hou yǒu yì tiān xué xí yàn juàn
时候，有一天学习厌倦
le jiù pǎo dào wài miàn qù wán mǔ
了，就跑到外面去玩。母
qīn jiàn tā bú rèn zhēn xué xí fèn nù
亲见他不认真学习，愤怒
de bǎ zhī hǎo de bù jiǎn duàn mèng
地把织好的布剪断。孟
zǐ bù míng bai mǔ qīn wèi shén me fā
子不明白母亲为什么发
zhè me dà de huǒ mǔ qīn shēng qì
这么大的火，母亲生气
de shuō yí gè rén rú guǒ bù kěn
地说："一个人如果不肯
hǎo hǎo yán jiū xué wen jiù gēn zhè jiǎn
好好研究学问，就跟这剪
duàn de bù yí yàng zài yě wú fǎ
断的布一样，再也无法
zhī hǎo le nǐ shàng le xué què bù
织好了。你上了学，却不
kěn hǎo hǎo dú shū zhè yàng yì lái
肯好好读书，这样一来，
shàng xué hái yǒu shén me yòng ne
上学还有什么用呢？"

mèng zǐ tīng le mǔ qīn de jiào
孟子听了母亲的教
huì hòu shí fēn cán kuì cóng cǐ kāi
诲后，十分惭愧，从此开
shǐ nǔ lì dú shū xué wen bú duàn
始努力读书，学问不断
zhǎng jìn zuì zhōng chéng wéi zhōng guó
长进，最终成为中国
gǔ dài zhù míng de sī xiǎng jiā hé jiào
古代著名的思想家和教
yù jiā
育家。

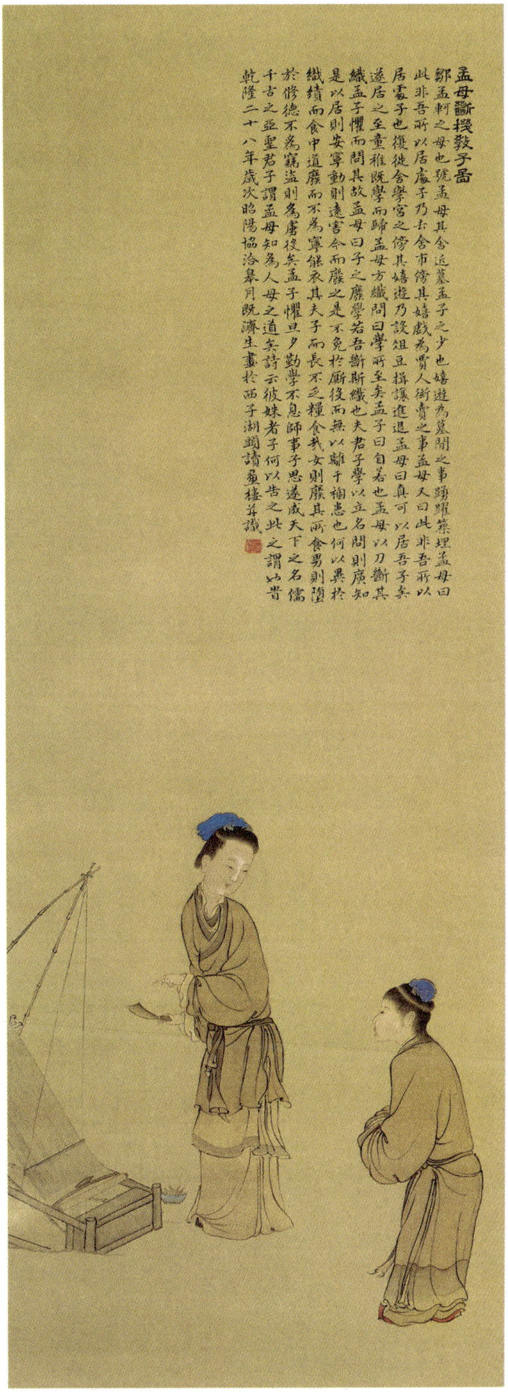

清康涛绘《孟母断机教子图》

huáng

黄

历代名人

黄　歇：战国时楚国贵族，被封为春申君，“战国四公子”之一。

黄　盖：三国时东吴大将。

黄　巢：唐末农民大起义领袖。

姓氏溯源

黄姓主要出自嬴姓，是远古氏族首领陆终的后代。大约商末周初，在今河南潢川建立黄国，后被楚国灭掉，其子孙便以国为姓。另外，南方古代少数民族中也有姓黄的。

故事

苦肉计

sān guó shí　cáo cāo yǔ sūn liú lián
三国时，曹操与孙刘联
jūn zài chì bì zhǎn kāi dà zhàn　zhōu yú
军在赤壁展开大战。周瑜
pài páng tǒng jiǎ zhuāng tóu xiáng cáo cāo　xiàn
派庞统假装投降曹操，献
shàng lián huán jì　cáo cāo guǒ rán jiāng zhàn
上连环计，曹操果然将战
chuán lián zài le yì qǐ　dàn yóu yú méi yǒu
船连在了一起。但由于没有
nèi yìng　sūn liú lián jūn wú fǎ jiē jìn cáo
内应，孙刘联军无法接近曹

清绣像本《三国演义》中的黄盖画像

天津杨柳青年画《献苦肉计，黄盖受刑》，讲述黄盖献苦肉计诈降曹操，最终火烧赤壁的故事

cāo de chuán zhī fàng huǒ zhè shí lǎo jiàng huáng gài xiàn shàng kǔ ròu jì
操的船只放火。这时，老将黄盖献上苦肉计。

dì èr tiān zhōu yú jiào jiàng shì men zhǔn bèi sān gè yuè de liáng cǎo lǎo
第二天，周瑜叫将士们准备三个月的粮草，老
jiàng huáng gài què quàn zhōu yú tóu xiáng liǎng gè rén wèi cǐ zhēng chǎo qǐ lái zhōu
将黄盖却劝周瑜投降。两个人为此争吵起来，周
yú yí qì zhī xià jiāng huáng gài dǎ le wǔ shí jūn gùn yè lǐ huáng gài pài rén
瑜一气之下将黄盖打了五十军棍。夜里，黄盖派人
sòng xìn gěi cáo cāo shuō zì jǐ zhǔn bèi tóu xiáng cáo cāo shí fēn gāo xìng dōng
送信给曹操，说自己准备投降，曹操十分高兴。冬
zhì nà tiān guā qǐ le dōng nán fēng huáng gài de xiáng chuán zhuāng mǎn yǐn huǒ zhī
至那天，刮起了东南风，黄盖的降船装满引火之
wù chōng xiàng cáo yíng cáo cāo de chuán duì bèi diǎn rán sūn liú lián jūn chéng shì chū
物冲向曹营，曹操的船队被点燃，孙刘联军乘势出
jī qǔ dé chì bì zhī zhàn de shèng lì
击，取得赤壁之战的胜利。

xiāo

萧

历代名人

萧　何：西汉初大臣，帮助刘邦建立汉朝。
萧道成：南朝齐的建立者，即齐高帝。
萧　衍：南朝梁的建立者，即梁武帝。

姓氏溯源

萧姓主要出自子姓。春秋时，大夫子心因平乱有功，受封于萧地，建立萧国，后萧国为楚国所灭，其子孙便以国为姓，世代姓萧。

故事

萧何月下追韩信

qín cháo mò nián　hán xìn gēn suí liú bāng
秦朝末年，韩信跟随刘邦
yǔ xiàng yǔ zhēng duó tiān xià　yóu yú méi yǒu
与项羽争夺天下。由于没有
shòu dào zhòng yòng　hán xìn zài nán zhèng gēn suí
受到重用，韩信在南郑跟随
bié de jiàng lǐng táo zǒu le　chéng xiàng xiāo hé
别的将领逃走了。丞相萧何
tīng shuō hán xìn táo zǒu　lái bu jí gào su liú
听说韩信逃走，来不及告诉刘
bāng　jiù qīn zì qí mǎ qù zhuī gǎn hán xìn
邦，就亲自骑马去追赶韩信。
yǒu rén bào gào liú bāng shuō　chéng xiàng xiāo
有人报告刘邦说：“丞相萧

清人绘《历代名臣像解》中的萧何画像

hé táo pǎo le liú bāng shí fēn shēng qì guò le liǎng tiān xiāo hé huí lái jiàn
何逃跑了。”刘邦十分生气。过了两天，萧何回来见
liú bāng liú bāng mà xiāo hé shuō nǐ wèi shén me yào táo pǎo xiāo hé huí dá
刘邦，刘邦骂萧何说：“你为什么要逃跑？”萧何回答
shuō wǒ bù gǎn táo pǎo wǒ shì
说：“我不敢逃跑，我是
qù zhuī gǎn táo pǎo de hán xìn hán
去追赶逃跑的韩信。韩
xìn shì tiān xià nán dé de rén cái dà
信是天下难得的人才，大
wáng rú guǒ xiǎng duó qǔ tiān xià jiù
王如果想夺取天下，就
bì xū zhòng yòng tā liú bāng tīng
必须重用他。”刘邦听
cóng xiāo hé de jiàn yì chén sī piàn
从萧何的建议，沉思片
kè hòu dā ying ràng hán xìn zuò gè
刻后，答应让韩信做个
jiāng jūn xiāo hé jué de zuò jiāng jūn
将军。萧何觉得做将军
hái shi liú bu zhù hán xìn yú shì liú
还是留不住韩信，于是刘
bāng biàn jué dìng bài hán xìn wéi dà jiàng
邦便决定拜韩信为大将。

cǐ hòu zài chǔ hàn zhàn zhēng
此后，在楚汉战争
zhōng hán xìn yùn chóu wéi wò zhì
中，韩信运筹帷幄，制
dìng zhèng què de zuò zhàn jì huà jūn
订正确的作战计划，军
shì cái néng dé dào chōng fèn fā huī
事才能得到充分发挥，
wèi liú bāng jiàn lì hàn cháo lì xià hàn
为刘邦建立汉朝立下汗
mǎ gōng láo
马功劳。

清方薰绘《萧何追韩信图》

yáo

姚

历代名人

姚　苌：十六国时后秦的建立者。

姚　崇：唐朝大臣，历任武则天、睿宗、玄宗三朝宰相，政绩卓著。

姚广孝：明朝永乐帝谋士，曾参与《永乐大典》等书的编纂工作。

姓氏溯源

姚姓主要有三种来源：一是出自妫姓，相传舜出生在姚墟，他的子孙便以地为姓。二是出自子姓，春秋时有姚国，是商族的后裔，其子孙以国为姓。三是出自他族改姓。

故事

姚崇治蝗

táng xuán zōng kāi yuán nián jiān　xiáo shān yǐ
唐玄宗开元年间，崤山以
dōng dì qū fā shēng yán zhòng de huáng zāi　dà
东地区发生严重的蝗灾，大
pī zhuāng jia bèi huáng chóng chī diào　jiù lián shù
批庄稼被蝗虫吃掉，就连树
yè hé dì li de yě cǎo yě dōu bèi huáng chóng chī
叶和地里的野草也都被蝗虫吃
guāng　lǎo bǎi xìng mí xìn　zhǐ shì máng zhe jì
光。老百姓迷信，只是忙着祭
sì　yǎn zhēng zhēng de kàn zhe huáng chóng zuò suì
祀，眼睁睁地看着蝗虫作祟

清人绘姚崇画像

清佚名绘《捕蝗图册》中的《扑捕飞蝗图》

ér bù gǎn bǔ shā gè dì zāi qíng de zòu zhāng xiàng xuě piàn shì de fēi xiàng cháo tíng
而不敢捕杀，各地灾情的奏章像雪片似的飞向朝廷。

zài yí cì shàng cháo shí zǎi xiàng yáo chóng tí yì yīng gāi cǎi qǔ jī jí de
在一次上朝时，宰相姚崇提议应该采取积极的
cuò shī bǎ huáng chóng chè dǐ xiāo miè táng xuán zōng tóng yì tā de yì jiàn
措施，把蝗虫彻底消灭。唐玄宗同意他的意见，
pài yù shǐ dà chén fēn tóu qù gè dì dū cù bǔ shā huáng chóng de gōng zuò dàn yǒu
派御史大臣分头去各地督促捕杀蝗虫的工作。但有
xiē guān yuán rèn wéi tiān zāi chú bu de yīn cǐ bù tīng cháo tíng de ān pái miàn duì
些官员认为天灾除不得，因此不听朝廷的安排。面对
dà chén men de yì lùn táng xuán zōng yě mǎn fù hú yí yáo chóng shuō rú guǒ
大臣们的议论，唐玄宗也满腹狐疑。姚崇说：“如果
huáng zāi bù chú bǎi xìng méi yǒu shōu cheng jiù huì bèi jǐng lí xiāng zhè zhí jiē
蝗灾不除，百姓没有收成，就会背井离乡，这直接
guān xì dào cháo tíng de ān wēi táng xuán zōng diǎn tóu chēng shì àn zhào yáo chóng
关系到朝廷的安危。”唐玄宗点头称是。按照姚崇
de bù zhì zuì zhōng xiāo chú le huáng zāi
的布置，最终消除了蝗灾。

shào

邵

历代名人

邵　雍：北宋哲学家，理学象数学派的创立者。

邵晋涵：清朝史学家、经学家，曾任《四库全书》编修。

邵懿辰：清朝经学家、目录学家。

姓氏溯源

邵姓主要有两种来源：一是出自姬姓。西周初年，周武王将弟弟姬奭（shì）封在召地，世称召公。后来，召公又被封于燕，成为燕国的始祖。战国末年，秦灭燕，召公的后代散居各地，以召为姓，后又加上一个“邑”字，成为今天的邵姓。二是出自周文王的后代。

故事

哲学家邵雍

shào yōng shì běi sòng zhù míng zhé xué
邵雍是北宋著名哲学
jiā yǐ shén mì de chuàng shì shuō xiān
家，以神秘的创世说“先
tiān xué jiě shì xiān tiān dì ér cún zài bìng
天学”，解释先天地而存在并
chuàng zào tiān dì wàn wù de dào lǐ shì lǐ
创造天地万物的道理，是理
xué xiàng shù xué pài de chuàng lì zhě shào
学象数学派的创立者。邵
yōng cóng xiǎo jiù yǒu xióng xīn zhuàng zhì zhǔn
雍从小就有雄心壮志，准

清人绘《历代名臣像解》中的邵雍画像

备将来建立功名。因此他广采博览，无所不读。邵雍读书非常刻苦，不论数九寒天，还是三伏大暑，他总是专心致志地伏案读书。困了，就趴在桌上打个盹儿，一连好几年都没有好好上床睡过觉。后来，他几次出游，深感自己学问肤浅，回来后更加发愤努力。

三十岁时，邵雍和司马光等人结为朋友，他们经常一同出游，相互切磋学问。远近的人都知道邵雍的大名，纷纷前来求学。邵雍不分贵贱长少，有问必答，以诚相待，把学问传授给他们，因此深受人们的尊敬。久而久之，只要邵雍一出门，儿童们就跟在后面喊：“我们的先生来了！”一时间，洛阳城里学习蔚然成风，人才大盛。

清人绘《历代帝王圣贤名臣大儒遗像》中的司马光画像

wāng

汪

历代名人

汪　藻：南宋文学家，曾任翰林学士。

汪　琬：清初散文家，文章在当时有盛名。

汪　价：清初学者，精理学，兼通佛道。

汪士慎：清朝画家，“扬州八怪”之一，擅画梅花。

姓氏溯源

汪姓主要有三种来源：一是出自商代的汪芒氏，战国时被楚国攻灭，其后代便以汪为姓。二是出自姬姓，为鲁成公的后代。三也是出自姬姓，为西周昭王的子孙。

故事

汪价藏书

wāng jià shì qīng cháo zhù míng xué zhě xiǎo
汪价是清朝著名学者，小
shí hou jì cōng huì yòu xǐ huan dú shū zhǐ yào fān
时候既聪慧又喜欢读书，只要翻
kāi shū běn biàn huì yì kǒu qì dú wán cóng lái
开书本，便会一口气读完，从来
bù zhī dào pí juàn tā ài shū rú mìng jiā zhōng
不知道疲倦。他爱书如命，家中
cáng shū duō dá jǐ wàn cè yǒu yì nián tā jiā
藏书多达几万册。有一年，他家
bú shèn shī huǒ jǐ wàn cè shū jí shāo chéng huī
不慎失火，几万册书籍烧成灰
jìn wāng jià fēi cháng tòng xīn dàn cáng shū de
烬。汪价非常痛心，但藏书的

清康熙青花釉里红狮球纹将军罐

zhì qù què gèng gāo le wèi le mí bǔ sǔn shī de shū jí tā diǎn dàng yī fu
志趣却更高了。为了弥补损失的书籍，他典当衣服，
zū diào fáng wū zhōng yú yòu sōu jí le jǐ qiān cè shū kě méi guò jǐ nián zài
租掉房屋，终于又搜集了几千册书。可没过几年，在
yí cì zhàn luàn zhōng tā de cáng shū yòu bèi luàn bīng qiǎng jié wāng jià shí fēn tòng
一次战乱中，他的藏书又被乱兵抢劫。汪价十分痛
kǔ jì xù sōu jí shū jí bìng jiā yǐ jiào dìng jīng guò jǐ nián de jī lěi
苦，继续搜集书籍，并加以校订。经过几年的积累，
tā pèi qí jǐ qiān cè shū dàn bú xìng yòu bèi dào zéi tōu guāng rán ér wāng jià bìng
他配齐几千册书，但不幸又被盗贼偷光。然而汪价并
bù huī xīn tā diǎn mài tǔ dì jié yī suō shí yòu sōu jí le jǐ qiān cè shū
不灰心，他典卖土地，节衣缩食，又搜集了几千册书
jí suī rán rì zi guò de hěn jiān nán shèn zhì ái è shòu dòng dàn zhǐ yào yǒu
籍。虽然日子过得很艰难，甚至挨饿受冻，但只要有
shū kě dú tā biàn
书可读，他便
gǎn dào kuài lè jí le
感到快乐极了。

wāng jià de cáng
汪价的藏
shū suī duō cì zāo jié
书虽多次遭劫，
dàn xué xí què cóng wèi
但学习却从未
tíng zhǐ guo jīng guò
停止过，经过
bú xiè de nǔ lì
不懈的努力，
tā zuì zhōng chéng wéi
他最终成为
zhù míng xué zhě
著名学者。

古代有很多藏书家，唐代李泌家藏书就很多。此图为清吴友如绘《古今人物百图》之《邺侯藏书》，描绘李泌家藏书的情况

máo

毛

历代名人

毛　遂：战国时赵国人，自荐于平原君同去楚国，说服楚王联赵抗秦，立下大功。

毛　亨：西汉学者，相传为古文诗学“毛诗学”的开创者。

毛奇龄：清朝经学家、文学家。

姓氏溯源

毛姓主要出自姬姓，西周时，周武王将弟弟叔郑封于毛国，他的子孙便称毛氏。此外，周文王的儿子伯郑被封在毛邑，世称毛伯郑，为周成王的六卿之一，任司空，掌管建筑工程。伯郑的子孙便以封地为姓，世代姓毛。

明佚名撰《新镌陈眉公先生批评春秋列国志传》插图《平原君合纵于楚》，讲述平原君去楚国游说楚王合纵抗秦的故事

故事

毛遂自荐

zhàn guó hòu qī　qín guó jìn
战国后期，秦国进
gōng zhào guó　zhào wáng pài píng yuán
攻赵国，赵王派平原
jūn qù chǔ guó bān jiù bīng　píng yuán
君去楚国搬救兵。平原

jūn jiē dào mìng lìng hòu dǎ suàn cóng shǒu xià tiāo xuǎn èr shí míng mén kè yì tóng qián
君接到命令后，打算从手下挑选二十名门客一同前
wǎng zhè shí yí gè jiào máo suì de mén kè zì gào fèn yǒng de zhàn chū lái yāo
往。这时，一个叫毛遂的门客自告奋勇地站出来，要
qiú tóng qù píng yuán jūn shuō nǐ zài zhè lǐ dāi le sān nián yě méi tīng bié rén
求同去。平原君说：“你在这里待了三年，也没听别人
chēng zàn guo nǐ hái shi bié qù le ba máo suì què shuō nà shì nín méi yǒu
称赞过你，还是别去了吧！”毛遂却说：“那是您没有
yòng wǒ rú guǒ wǒ néng suí xíng yí dìng bú huì ràng nín shī wàng de píng yuán
用我，如果我能随行，一定不会让您失望的。”平原
jūn jiàn tā xìn xīn shí zú dā ying ràng tā tóng qù
君见他信心十足，答应让他同去。

dào le chǔ guó chǔ wáng yīn hài pà qín guó ér bú yuàn yì chū bīng jiù zhào jǐn yào guān tóu máo suì yǒng gǎn de zhàn le chū lái duì chǔ wáng jiǎng qīng qín guó de wēi hài shuō fú tā chū bīng jiù zhào bìng hé zhào wáng dìng lì kàng qín méng yuē cóng ér shǐ zhào guó bǎi tuō le bèi gōng pò de wēi xiǎn
到了楚国，楚王因害怕秦国而不愿意出兵救赵。紧要关头，毛遂勇敢地站了出来，对楚王讲清秦国的危害，说服他出兵救赵，并和赵王订立抗秦盟约，从而使赵国摆脱了被攻破的危险。

清吴历绘《人物故事图册》之一，讲述毛遂自荐，随平原君出使楚国，并最终说服楚王出兵救赵的故事

dài

戴

历代名人

戴　逵：东晋学者、雕塑家兼画家。

戴名世：清朝桐城派文学家，因文字狱被杀。

戴　震：清朝思想家，对天文、数学、历史、地理都有研究，曾任《四库全书》纂修官。

姓氏溯源

戴姓主要有三种来源：一是出自子姓，为商朝微子启的后代。二是出自姬姓，春秋时有戴国，为姬姓诸侯国，后被宋国所灭，其族人便以国为姓。三是出自殷姓改姓。

故事

穷根究底

dài zhèn shì qīng cháo zhù míng sī xiǎng jiā
戴震是清朝著名思想家。
tā shí suì rù xué dú shū jì yì lì tè bié
他十岁入学读书，记忆力特别
qiáng měi tiān jiān chí shú dú jǐ qiān zì de wén
强，每天坚持熟读几千字的文
zhāng zhí dào lǐ jiě tòu chè cái kěn bà xiū
章，直到理解透彻才肯罢休。
ér qiě dài zhèn wú lùn dú shén me shū yí dìng
而且戴震无论读什么书，一定
yào nòng qīng chu měi gè zì de yì si lǎo shī
要弄清楚每个字的意思。老师

清杨鹏秋绘戴震画像

粗略地举出前人的注解告诉他，往往不再做进一步的解释，后来干脆取出许慎的《说文解字》和其他字典交给他，让他自己去查阅。这样过了三年，戴震完全掌握了其中的内容。接着，戴震又拿出汉代经学家的各种著作，相互参照、考证，每个字都穷本溯源，贯串群经，久而久之，便把“十三经”全都弄通了。乾隆年间修编《四库全书》，特别召他为纂修官。

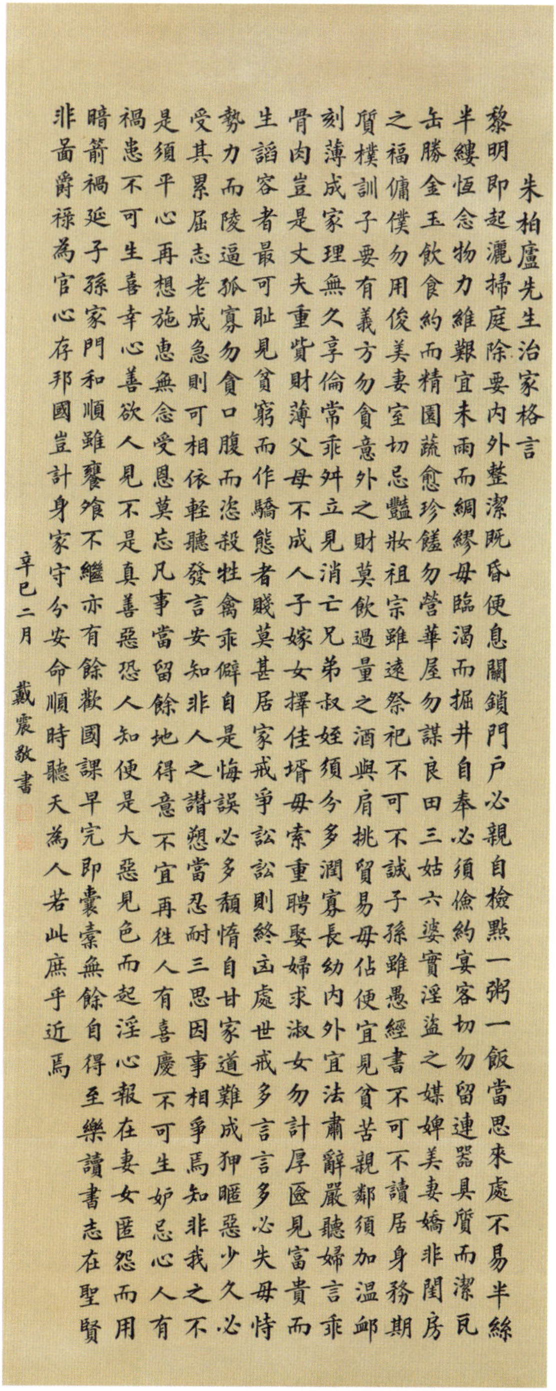

清戴震楷书《朱子治家格言》

sòng

宋

历代名人

宋　玉：战国楚辞赋家。

宋　璟：唐朝大臣，开元年间任宰相，政绩突出。

宋　江：北宋末年农民起义领袖。

宋应星：明朝科学家，著有《天工开物》。

姓氏溯源

宋姓来源比较单一，主要出自子姓，是商朝王族的后裔，其始祖为微子启。周灭商后，周武王将微子启封于商丘，建立宋国。战国后期，宋国被齐国所灭，宋国子孙便以国为姓。

故事

开元名相

sòng jǐng shì táng cháo kāi yuán nián jiān zhù míng
宋璟是唐朝开元年间著名

dà chén wéi rén gāng zhèng bù ē zhí yán gǎn
大臣，为人刚正不阿，直言敢

jiàn táng xuán zōng gāng zuò huáng dì shí jīng
谏。唐玄宗刚做皇帝时，精

xīn zhì lǐ guó jiā shàn yú jiē nà jiàn yán duì
心治理国家，善于接纳谏言，对

sòng jǐng shí fēn xīn shǎng hěn yuàn yì jiē shòu tā
宋璟十分欣赏，很愿意接受他

de zhōng yán zhí jiàn
的忠言直谏。

sòng jǐng zuò zǎi xiàng shí cháo tíng nèi wài
宋璟做宰相时，朝廷内外

清人绘《历代名臣像解》中的宋璟画像

rén xīn xiàng shàn guó fù mín qiáng yǒu yì nián zhōng qiū táng xuán zōng zài gōng zhōng
人心向善，国富民强。有一年中秋，唐玄宗在宫中
bǎi jiǔ yàn kuǎn dài dà chén kāi yàn shí táng xuán zōng bǎ zì jǐ yòng de yì shuāng
摆酒宴款待大臣。开宴时，唐玄宗把自己用的一双
jīn kuài zi sòng gěi sòng jǐng sòng jǐng yì shí cāi bu tòu huáng dì de xīn si bǎi
金筷子送给宋璟。宋璟一时猜不透皇帝的心思，百
guān yě hěn qí guài táng xuán zōng jiàn dà jiā yí huò bù jiě xiào zhe jiě shì shuō
官也很奇怪。唐玄宗见大家疑惑不解，笑着解释说：
wǒ shǎng cì de dōng xi
“我赏赐的东西
bú shì huáng jīn ér
不是黄金，而
shì kuài zi yòng lái
是筷子，用来
biǎo zhāng sòng jǐng de zhōng
表彰宋璟的忠
zhí sòng jǐng tīng hòu
直。”宋璟听后，
gǎn jǐn bài xiè bǎi guān
赶紧拜谢，百官
yě dōu fēn fēn zhù hè
也都纷纷祝贺。
yóu yú jūn zhǔ kāi míng
由于君主开明，
qún chén xián néng zài
群臣贤能，在
tā men de gòng tóng zhì
他们的共同治
lǐ xià táng cháo chéng
理下，唐朝呈
xiàn chū yí pài fán róng jú
现出一派繁荣局
miàn shǐ chēng kāi
面，史称“开
yuán shèng shì
元盛世”。

明焦竑撰《养正图解》插图《观图自警》，讲述宋璟将《尚书·无逸》写在墙上，唐玄宗认真观看，自我警示的故事

xiàng

项

历代名人

项　橐：被后人称为“圣人之师”的神童，春秋时期人。

项　羽：秦末农民起义军领袖，自封西楚霸王，在楚汉战争中败给刘邦。

项　斯：唐朝诗人。

姓氏溯源

项姓主要有两种来源：一是出自芈姓，是楚国王族的后裔。春秋时，楚国公子燕被封于项城，建立项国，后被齐国所灭，其子孙便以国为姓。二是出自姬姓，源自周朝的项国。

故事

破釜沉舟

qín cháo mò nián, qǐ yì fēng huǒ rán biàn quán guó. qín jiàng zhāng hán shuài lǐng èr shí wàn dà jūn gōng dǎ zhào xiē de yì jūn, jiāng jù lù chéng tuán tuán wéi zhù. zhào xiē pài rén qù chǔ guó qiú jiù, chǔ huái wáng rèn mìng sòng yì wéi shàng jiàng, xiàng yǔ

秦朝末年，起义烽火燃遍全国。秦将章邯率领二十万大军攻打赵歇的义军，将巨鹿城团团围住。赵歇派人去楚国求救，楚怀王任命宋义为上将，项羽

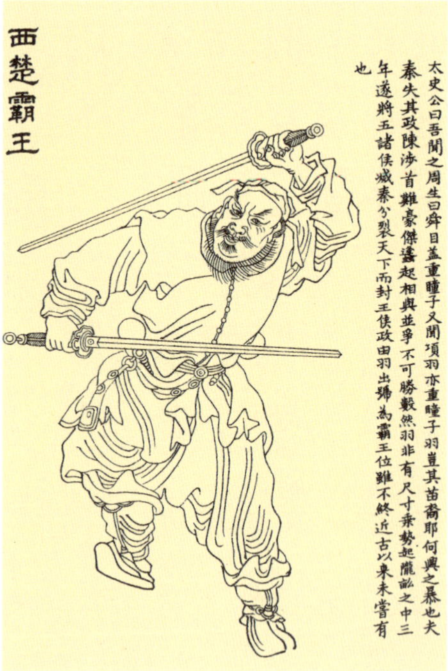

清上官周绘《晚笑堂画传》中的项羽画像

明刻本《全汉志传》插图《项羽杀秦降兵》，讲述项羽破釜沉舟，打败章邯，斩杀秦兵的故事

wéi cì jiàng shuài lǐng liǎng wàn rén mǎ jiù zhào
为次将，率领两万人马救赵。

jūn duì xíng zhì ān yáng hòu sòng yì hài pà qín jūn àn bīng bú dòng bìng
军队行至安阳后，宋义害怕秦军，按兵不动，并
yǐ quán shì yā zhì xiàng yǔ xiàng yǔ yí qì zhī xià shā le sòng yì rán hòu shuài
以权势压制项羽，项羽一气之下杀了宋义，然后率
lǐng jūn duì dù guò huáng hé tā fēn fù jiàng shì zhǐ dài sān tiān de gān liang bìng bǎ
领军队渡过黄河。他吩咐将士只带三天的干粮，并把
zuò fàn de guō zá suì bǎ chuán záo chén yíng fáng zhàng peng yě dōu shāo huǐ biǎo
做饭的锅砸碎，把船凿沉，营房帐篷也都烧毁，表
shì zhǐ néng qián jìn jué bú hòu tuì jué xīn dǎ bài qín jūn zhàn zhēng kāi shǐ
示只能前进，绝不后退，决心打败秦军。战争开始
hòu xiàng yǔ yì mǎ dāng xiān quán jūn jiàng shì fèn yǒng xiàng qián jīng guò jiǔ cì
后，项羽一马当先，全军将士奋勇向前。经过九次
jī zhàn dà bài qín jūn zhāng hán bèi pò tóu xiáng cóng cǐ qín jūn zài yě wú
激战，大败秦军，章邯被迫投降。从此，秦军再也无
lì zǔ dǎng qǐ yì jūn de jìn gōng le
力阻挡起义军的进攻了。

dǒng

董

历代名人

董　狐：春秋时晋国史官。

董仲舒：西汉哲学家，今文经学大师。曾提出“罢黜百家，独尊儒术”，使儒学变为显学。

董　琬：北魏外交家，曾出使西域。

姓氏溯源

董姓主要出自自己的姓，一为黄帝轩辕氏的后裔，始祖为董父；一为颛顼帝的后裔，始祖为陆终，他们均为董姓。另外，还有一支出自姬姓，以官为姓。周朝时，大夫辛有的儿子在晋国任太史，董督（考察并收藏）晋国史册，其子孙世袭史官，以官为姓。

故事

三年不窥园

xī hàn shí dǒng zhòng shū wèi le
西汉时，董仲舒为了
qián xīn xué xí zhěng tiān zuān zài shū fáng
潜心学习，整天钻在书房
li shén me shì qing yě bú guò wèn
里，什么事情也不过问。
jù shuō zài tā jiā páng biān yǒu yí gè
据说，在他家旁边有一个
cài yuán lǐ miàn guā guǒ shū cài shí fēn
菜园，里面瓜果蔬菜十分
qí quán dàn tā yóu yú xué xí guò yú
齐全。但他由于学习过于

清人绘董仲舒画像

认真，三年时间里竟没有踏进过那个菜园一步，因此后人称他“三年不窥园中菜”。

功夫不负有心人，经过刻苦学习，董仲舒成为中国古代著名的思想家，他提出了“罢黜百家，独尊儒术”的学说，从而使儒学成为封建社会上层建筑的重要组成部分。直到今天，董仲舒那种专心学习，不为杂事所累的精神，仍是读书人学习的榜样。

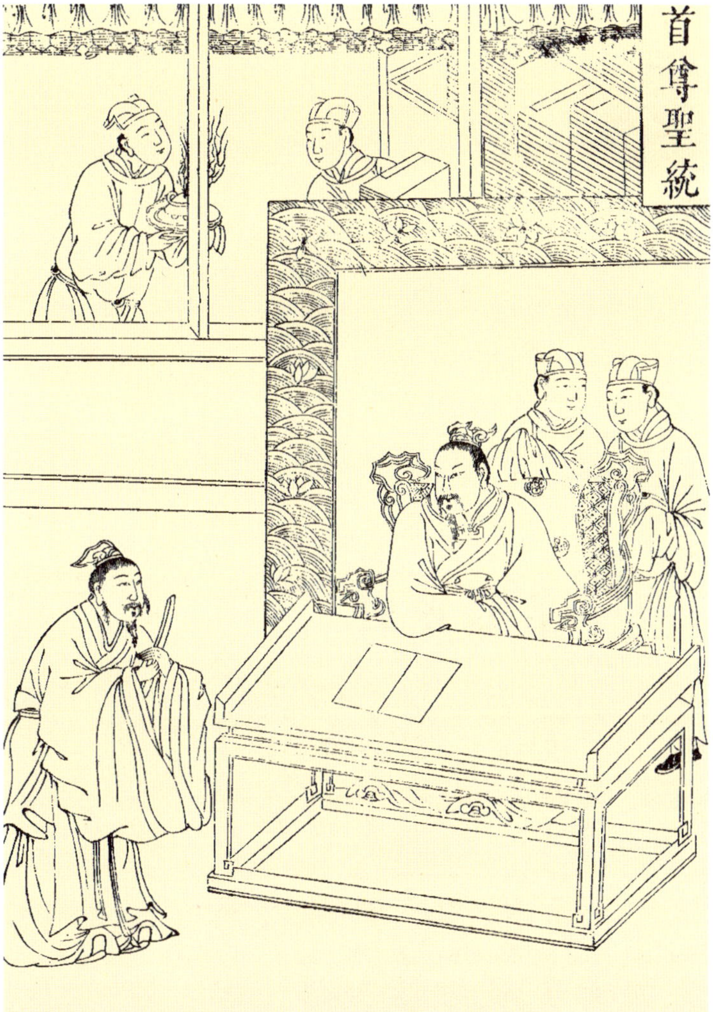

清梁延年编《圣谕像解》插图《首尊圣统》，讲述董仲舒的建议被汉武帝采纳，最终使儒家取得独尊地位的故事

liáng

梁

历代名人

梁　鸿：东汉文学家，“举案齐眉”讲的就是他与妻子孟光的故事。

梁　鹄：东汉书法家。

梁　楷：南宋画家，擅画人物、佛道、鬼神。

梁启超：中国近代维新派领袖、学者。

姓氏溯源

梁姓来源比较复杂，一是出自嬴姓，为伯益的后裔。二是出自姬姓，东周时平王的儿子被封在南梁，楚国灭梁后，其子孙以国为姓。三是以封邑来作姓氏的。四是出自战国初年魏国大梁人的后代。五是出自北魏时少数民族改姓。

故事

举案齐眉

dōng hàn shí， yǒu yí gè jiào liáng hóng de xué zhě， bù jǐn zhǎng de yì biǎo rén cái， ér qiě xué shí yuān bó。 tóng xiāng de nǚ zǐ dōu xiǎng jià gěi tā， dàn tā dōu méi yǒu yīng yǔn。 hòu lái， tā hé

东汉时，有一个叫梁鸿的学者，不仅长得一表人才，而且学识渊博。同乡的女子都想嫁给他，但他都没有应允。后来，他和

清顾沅辑《古圣贤像传略》中的梁鸿画像

明汪廷讷撰《人镜阳秋》中的梁鸿、孟光事迹插图，讲述二人举案齐眉的故事

yí gè jiào mèng guāng de nǚ zǐ jié wéi fū qī mèng guāng suī rán bú shì měi nǚ
一个叫孟光的女子结为夫妻。孟光虽然不是美女，
què fēi cháng yǒu xiū yǎng ér qiě pǐn dé hěn hǎo èr rén hūn hòu rì zi guò de shí
却非常有修养，而且品德很好，二人婚后日子过得十
fēn hé mù
分和睦。

yǒu yì nián liáng hóng yīn xiě wén zhāng fěng cì tǒng zhì zhě bèi guān fǔ tōng
有一年，梁鸿因写文章讽刺统治者，被官府通
jī táo dào shān dōng pò yú shēng jì liáng hóng bù dé bú wèi bié rén jiā dāng yōng
缉，逃到山东。迫于生计，梁鸿不得不为别人家当佣
gōng tā měi tiān gàn wán huó huí jiā hòu mèng guāng dōu wèi tā zuò hǎo fàn bìng bǎ
工。他每天干完活回家后，孟光都为他做好饭，并把
tuō pán jǔ dào méi mao chù sòng gěi tā chī liáng hóng mèng guāng fū fù shēng huó
托盘举到眉毛处送给他吃。梁鸿、孟光夫妇生活
zhōng xiāng jìng rú bīn xié tiáo hé mù de gù shi chéng wéi qiān gǔ chuán sòng de jiā huà
中相敬如宾、协调和睦的故事，成为千古传颂的佳话。

dù

杜

历代名人

杜　甫：唐朝诗人，宋以后被尊为“诗圣”，对历代诗歌创作产生巨大影响。

杜　牧：唐朝文学家，其诗在晚唐成就颇高，文章《阿房宫赋》颇有名。

杜　佑：唐朝史学家，著有《通典》二百卷。

姓氏溯源

杜姓为帝尧的后代，西周时，周成王灭掉唐国后，将弟弟虞封在唐，而把唐国国君迁到杜城，称杜伯。周宣王时，杜国又被灭掉，杜伯也被杀害。杜伯的子孙大多投奔其他诸侯，而那些留在杜城的就以杜为姓。

故事

诗圣杜甫

dù fǔ shì táng cháo xiàn shí zhǔ yì shī
杜甫是唐朝现实主义诗
rén cóng xiǎo tiān fèn hěn gāo ér qiě xué xí
人，从小天分很高，而且学习
qín fèn qī suì shí jiù huì zuò shī zhǎng
勤奋，七岁时就会作诗，长
dà hòu shū huà yīn yuè qí shè wú bù tōng
大后书画、音乐、骑射无不通
xiǎo kāi yuán nián jiān tā cān jiā le kē jǔ
晓。开元年间，他参加了科举

清殿藏本杜甫画像

考试，由于当时的考试既重权位，又讲究人情，杜甫这个尚未知名的儒生自然名落孙山。杜甫落榜后，觉得还是自由的生活令人随心所欲。三十岁后，杜甫曾在洛阳生活，遇到浪漫主义诗人李白，二人一见如故，成了诗文至交。受李白影响，杜甫超然物外，对社会的认识渐趋清醒深刻，这为他成为现实主义诗人打下了基础。

由于杜甫经历了唐朝由盛到衰的转折阶段，再加上个人饱经忧患坎坷，因此诗作广泛深刻地反映了社会现实，被后世称为“诗史”，他也被尊为“诗圣”。

清王时敏绘杜甫《送李八秘书赴杜相公幕》“石出倒听枫叶下，橹摇背指菊花开”诗意图

jiǎ

贾

历代名人

贾　谊：西汉政论家、文学家，著有《过秦论》等。
贾思勰：北魏农学家，著有《齐民要术》。
贾　岛：唐朝诗人，“推敲”的典故就源自于他。其诗在晚唐、宋初和南宋中叶颇有影响。

姓氏溯源

贾姓主要有两种来源：一是出自姬姓，周康王封堂弟公明于贾，春秋时为晋所灭，其后裔便以国为姓。二是出自狐偃的后代。晋文公灭贾国后，将贾地赏给狐偃的儿子狐射，其子孙便以贾为姓。

故事

苦吟诗人

jiǎ dǎo shì táng cháo zhù míng shī rén　xiě shī shí fēn rèn zhēn　bèi rén men
贾岛是唐朝著名诗人，写诗十分认真，被人们
chēng wéi　kǔ yín shī rén　yí cì　tā tū
称为“苦吟诗人”。一次，他突
fā líng gǎn　xiě xià　niǎo sù chí biān shù　sēng
发灵感，写下“鸟宿池边树，僧
qiāo yuè xià mén　liǎng jù shī　kāi shǐ tā xiǎng bǎ
敲月下门”两句诗。开始他想把
sēng qiāo yuè xià mén　yí jù zhōng de　qiāo
“僧敲月下门”一句中的“敲”
zì gǎi zuò　tuī　zì　kě yòu ná bu dìng zhǔ
字改作“推”字，可又拿不定主
yi　yú shì jiù liǎng shǒu zuò zhe　tuī　yǔ
意，于是就两手做着“推”与

清人绘《历代帝王圣贤名臣大儒遗像》中的贾岛画像

清任伯年绘《岛佛驴背敲诗》图，描绘贾岛骑在驴背上细心推敲诗句的场景

qiāo de dòng zuò yǐ zhì yú dé yì wàng xíng zhuàng dào dāng shí jīng chéng zuì
“敲”的动作，以至于得意忘形，撞到当时京城最
gāo zhǎng guān hán yù de jiào zi
高长官韩愈的轿子。

hán yù bèi tā de zhí zhuó jīng shén suǒ dǎ dòng bú dàn méi yǒu zé guài tā
韩愈被他的执着精神所打动，不但没有责怪他，
fǎn ér jiàn yì shuō hái shi yòng qiāo zì ba zài yè jìng gēng shēn zhī shí
反而建议说：“还是用‘敲’字吧，在夜静更深之时，
duō jǐ fēn shēng xiǎng jìng zhōng yǒu dòng qǐ bú gèng jiā jiǎ dǎo lián lián diǎn
多几分声响，静中有动，岂不更佳？”贾岛连连点
tóu liǎng rén cóng cǐ chéng wéi hǎo péng you zhí dào xiàn zài rén men hái bǎ zhè
头，两人从此成为好朋友。直到现在，人们还把这
ge gù shi zhōng yǐn shēn chū de diǎn gù tuī qiāo zuò wéi xué xí rèn zhēn de dài
个故事中引申出的典故“推敲”，作为学习认真的代
míng cí ne
名词呢。

jiāng

江

历代名人

江　革：东汉孝子，乡里称为“江巨孝”。

江　泌：南朝梁孝子、学者。

江　淹：南朝梁文学家。

江　永：清朝经学家、音韵学家。

姓氏溯源

江姓主要来自嬴姓，舜帝时，伯益因辅佐大禹治水有功，被赐为嬴姓。西周时，伯益的后裔受封于江，建立江国。春秋时，江国为楚国所灭，其子孙便以国为姓。

故事

江泌夜读

jiāng mì shì nán cháo liáng yǒu míng de xué
江泌是南朝梁有名的学
zhě yóu yú fù qīn qù shì zǎo xiǎo shí hou jiā
者，由于父亲去世早，小时候家
li hěn qióng tā bù dé bú tì rén xiāo zhì mù
里很穷，他不得不替人削制木
xié bāng zhù jiā li zhèng qián dù rì dàn jiāng
鞋，帮助家里挣钱度日。但江
mì kù ài dú shū fù qīn qù shì qián tā jiù
泌酷爱读书，父亲去世前，他就
dú guo lún yǔ hé xiào jīng wèi le
读过《论语》和《孝经》。为了
xué xí tā bǎ xié tān bǎi zài xué táng fù jìn
学习，他把鞋摊摆在学堂附近，

明龚贤绘《秋山夜读图》

měi tiān yì biān xiāo mù xié yì biān tīng xiān sheng jiǎng kè kě dào le wǎn shang
每天一边削木鞋，一边听先生讲课。可到了晚上，
yóu yú méi qián mǎi dēng yóu biàn wú fǎ dú shū le
由于没钱买灯油，便无法读书了。

yì nián zhōng qiū jié yuè guāng qīng chè rú shuǐ jiāng mì líng jī yí dòng
一年中秋节，月光清澈如水，江泌灵机一动，
xīn xiǎng míng liàng de yuè guāng bù yě kě yǐ zhào míng ma cóng cǐ tā měi wǎn
心想：明亮的月光不也可以照明吗？从此，他每晚
dōu pá shàng wū dǐng zhuī zhe yuè guāng dú shū yǒu yí cì yīn wèi bái tiān gàn huó
都爬上屋顶，追着月光读书。有一次，因为白天干活
lèi le tā zài wū dǐng shang
累了，他在屋顶上
dǎ qǐ dǔn er jié guǒ shuāi
打起盹儿，结果摔
le xià lái xìng kuī qiáng gēn
了下来，幸亏墙根
qián yǒu yí gè cǎo duò tā cái
前有一个草垛，他才
méi yǒu shòu shāng jiāng mì cóng
没有受伤。江泌从
dì shang pá qǐ lái pāi pai
地上爬起来，拍拍
pì gu yòu pá shàng wū dǐng
屁股，又爬上屋顶
jì xù dú shū jiāng mì rú
继续读书。江泌如
cǐ kè kǔ qín fèn yòu yǒu jiān
此刻苦勤奋，又有坚
qiáng de yì lì zuì zhōng tā
强的毅力，最终他
chéng wéi yí gè zhī shi yuān bó
成为一个知识渊博
de xué zhě
的学者。

清黄宗炎绘《秋林读书图》

guō
郭

历代名人

郭　纵：战国时大商人，因经营冶铁成为巨富。
郭　解：西汉游侠。
郭子仪：唐朝大将，平定安史之乱及诸多乱事。
郭守敬：元朝天文学家、水利学家和数学家，主持编制《授时历》。

姓氏溯源

郭姓主要有三种来源：一是出自夏、商时代郭支与郭崇的后代。二是以居住的地方为姓。三是出自姬姓，为黄帝后裔，西周时被封于虢（guó），因“虢”与“郭”同音，故其后人中便有了郭姓。

故事

科学家郭守敬

guō shǒu jìng shì yuán cháo de tiān wén xué
郭守敬是元朝的天文学
jiā shuǐ lì xué jiā hé shù xué jiā shè jì
家、水利学家和数学家，设计
zhì zào le jiǎn yí shì jiè shang dì yī
制造了“简仪”（世界上第一
tái chì dào yí děng èr shí duō zhǒng tiān wén yí
台赤道仪）等二十多种天文仪
qì bìng duì tiān xiàng jìn xíng jīng mì guān cè
器，并对天象进行精密观测，
biān zhì chéng dāng shí zuì xiān jìn hé xiáng bèi
编制成当时最先进和详备

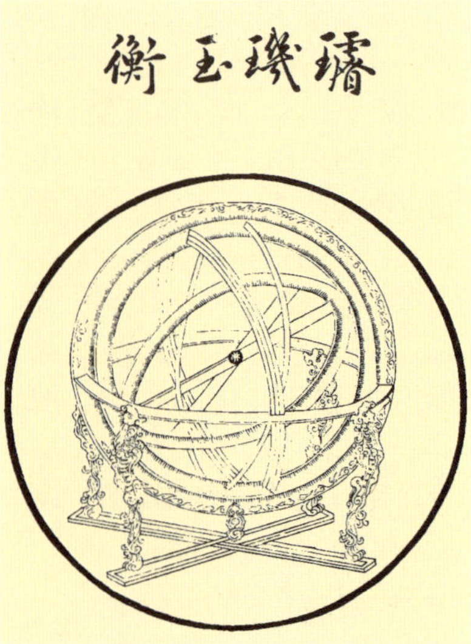

明程大约编《程氏墨苑》中的璇玑玉衡图，是一种古人观测天象的仪器

清徐扬绘《日月合璧五星联珠》（局部），描绘古人观天象的场景

de xīng biǎo tā zhǔ chí biān zhì de xīn lì fǎ shòu shí lì jiào jiù lì fǎ jīng
的星表。他主持编制的新历法《授时历》，较旧历法精
què rú dìng yí gè huí guī nián wéi rì yǔ xiàn xíng gōng lì nián
确（如定一个回归年为365.2425日，与现行公历年
xiāng tóng yán yòng le sān bǎi duō nián shì zhōng guó lì shǐ shang shī xíng zuì jiǔ
相同），沿用了三百多年，是中国历史上施行最久
de lì fǎ
的历法。

guō shǒu jìng hái jīng bàn xǔ duō nóng tián shuǐ lì yǔ hé dào gōng chéng duì huī
郭守敬还经办许多农田水利与河道工程，对恢
fù yuán chū běi fāng zāo shòu zhàn zhēng pò huài de nóng yè shēng shēng jù yǒu jī jí de
复元初北方遭受战争破坏的农业生产具有积极的
zuò yòng tóng shí guō shǒu jìng zài shù xué fāng miàn hái yǒu dú tè gòng xiàn cóng
作用。同时，郭守敬在数学方面还有独特贡献，从
ér shǐ tā zài dōng xī fāng dōu xiǎng yǒu chóng gāo de shēng yù zài xī fāng yǒu rén
而使他在东西方都享有崇高的声誉。在西方，有人
chēng guō shǒu jìng wéi zhōng guó de dì gǔ dì gǔ shì wǎn yú guō shǒu jìng sān gè
称郭守敬为“中国的第谷”（第谷是晚于郭守敬三个
duō shì jì de dān mài tiān wén xué jiā nián guó jì tiān wén xué huì jiāng
多世纪的丹麦天文学家）。1970年，国际天文学会将
yuè qiú bèi miàn de yí zuò huán xíng shān mìng míng wéi guō shǒu jìng huán huán huán
月球背面的一座环形山命名为“郭守敬环形山”。

méi

梅

历代名人

梅尧臣：北宋诗人，对宋代诗风的转变影响很大。
梅鼎祚：明朝戏曲家，有传奇《玉合记》等存世。
梅文鼎：清朝天文学家、数学家。

姓氏溯源

梅姓主要有三种来源：一是出自子姓，商王太丁封弟弟于梅地，世称梅伯。商纣王时，梅伯因批评纣王被杀，周武王封其后裔于黄梅，其子孙便以封地为姓。二是出自汉时南方少数民族的姓氏。三是出自清满族八旗中改姓者。

故事

布袋诗人

běi sòng shí yǒu gè zhù míng de shī rén jiào méi yáo
北宋时有个著名的诗人叫梅尧
chén shī yǔ sū shùn qīn qí míng shì chēng sū
臣，诗与苏舜钦齐名，世称“苏
méi tā yǔ ōu yáng xiū guān xì hěn hǎo yì qǐ tuī
梅”。他与欧阳修关系很好，一起推
dòng sòng shī de gé xīn zhǔ zhāng shī gē xū xiě shí
动宋诗的革新，主张诗歌须写实，
tí chàng píng dàn yǔ xī kūn pài fú yàn shī fēng
提倡“平淡”，与西昆派浮艳诗风
zhēn fēng xiāng duì
针锋相对。

清人绘《历代名臣像解》中的梅尧臣画像

明沈周绘《梧荫诗思图》

méi yáo chén yǒu gè qí guài de xí guàn měi cì chū yóu huò zǒu qīn fǎng yǒu shí
梅尧臣有个奇怪的习惯，每次出游或走亲访友时
zǒng ài dài gè bù dài zi yí cì méi yáo chén hé péng you men qù dēng lǔ shān
总爱带个布袋子。一次，梅尧臣和朋友们去登鲁山，
dāng dà jiā zài yí zuò xiǎo tíng xiū xi shí tā què tōu tōu pǎo jìn xiǎo shù lín zhōng
当大家在一座小亭休息时，他却偷偷跑进小树林中。
dà jiā qiāo qiāo gēn zài tā hòu miàn fā xiàn tā zhèng zài yí kuài shí tou shang xiě shī
大家悄悄跟在他后面，发现他正在一块石头上写诗
ne yí gè péng you qiǎng guò bù dài yí kàn lǐ miàn zhuāng le xǔ duō zhǐ tiáo
呢！一个朋友抢过布袋一看，里面装了许多纸条，
zhǐ tiáo shang dōu shì tā xiě de shī yuán lái méi yáo chén de bù dài shì yòng lái
纸条上都是他写的诗。原来，梅尧臣的布袋是用来
zhuāng suí shí xiě xià shī wén de méi yáo chén jiù shì zhè yàng suí shí suí dì bǎ bǔ
装随时写下诗文的。梅尧臣就是这样，随时随地把捕
zhuō dào de shēng huó xíng xiàng hé gǎn shòu jì lù xià lái zuò wéi xiě shī de cái liào
捉到的生活形象和感受记录下来，作为写诗的材料，
cóng ér wèi hòu shì liú xià xǔ duō zhù míng de shī piān
从而为后世留下许多著名的诗篇。

lín

林

历代名人

林　逋：北宋诗人，因种梅养鹤，不仕不娶，因而有“梅妻鹤子”之称。

林则徐：清末政治家，主张与西方通商，但严禁鸦片，曾在广东虎门进行禁烟和销烟活动。

林　旭：清末维新派，“戊戌六君子”之一。

姓氏溯源

林姓主要有三种来源：一是出自子姓，相传是商朝末年名臣比干的后裔。二是出自姬姓，东周平王的庶子姬开，字林，其子孙以他的字为姓。三是出自少数民族改姓。

故事

虎门销烟

qīng cháo dào guāng nián jiān yīng guó
清朝道光年间，英国
xiàng zhōng guó dà liàng shū rù yā piàn yán
向中国大量输入鸦片，严
zhòng yǐng xiǎng le bǎi xìng de jiàn kāng hé jīng
重影响了百姓的健康和经
jì de fā zhǎn lín zé xú shàng shū dào
济的发展。林则徐上书道
guāng huáng dì tòng chén yā piàn de wēi hài
光皇帝，痛陈鸦片的危害，
zhǔ zhāng yán lì jìn yān
主张严厉禁烟。

清佚名绘道光帝朝服像

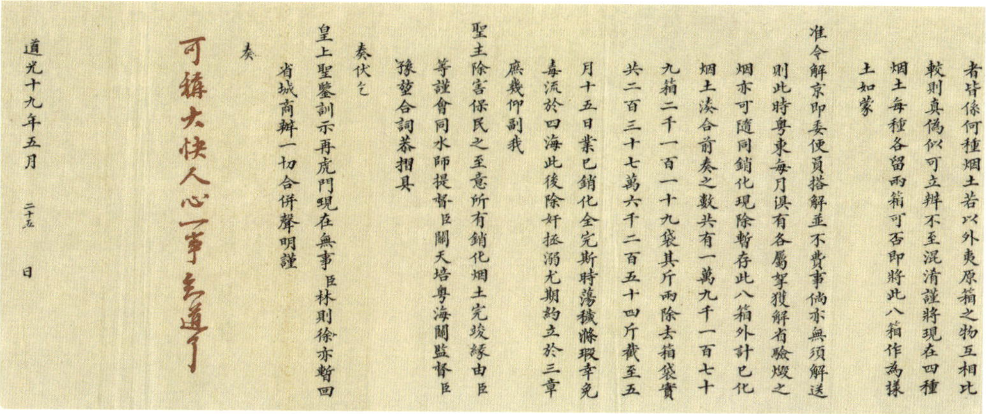
者皆係何種烟土若以外夷原箱之物互相比
較則真偽似可立辨不至混淆謹將現在四種
烟土每種各留兩箱可否即將此八箱作為樣
土如蒙
准令解京即委便員搭解並不費事倘亦無須解送
則此時粵東每月俱有各屬拏獲解省驗燬之
烟亦可隨同銷化現除暫存此八箱外計已化
烟土湊合前奏之數共有一萬九千一百七十
九箱二千一百一十九袋其斤兩除去箱袋實
共二百三十七萬六千二百五十四斤截至五
月十五日業已銷化全完斯時蕩穢滌瑕幸免
毒流於四海此後除奸拯溺尤期約立於三章
庶幾仰副我
聖主除害保民之至意所有銷化烟土完竣緣由臣
等謹會同水師提督臣關天培粵海關監督臣
豫堃合詞恭摺具
奏伏乞
皇上聖鑒訓示再虎門現在無事臣林則徐亦暫回
省城商辦一切合併聲明謹
奏
可稱大快人心一事 [illegible]
道光十九年五月 二十五 日

清《林则徐、邓廷桢奏虎门销烟奏折》（局部）

1838年12月，林则徐被任命为钦差大臣，前往广州主持禁烟工作。在广州，林则徐与两广总督邓廷桢一起筹划加强海防，强令外国鸦片贩子上缴走私鸦片，迫使英美商贩交出鸦片二百余万斤，并在虎门海滩当众销毁。销烟期间，群众络绎不绝地前来参观，为之喜悦振奋。虎门销烟的壮举，表现了中华民族清除烟毒、反抗外国侵略的坚强决心和伟大力量。

清人绘林则徐画像

xú

徐

历代名人

徐光启：明朝科学家，著有《农政全书》，是中国科技史上的重要人物。

徐　渭：明朝文学家、书法家、画家。

徐霞客：明朝地理学家，著有《徐霞客游记》。

姓氏溯源

徐姓来源较为单一，主要出自嬴姓，始祖是伯益的儿子若木。夏禹时，若木被封于徐，建立徐国。春秋时，徐国被吴国所灭，其子孙便以国为姓。

故事

井中取物

徐渭是明朝著名文学家、书法家兼画家，诗文、戏曲、书画都很精通，文学上主张独创，书法工于行草，绘画以花鸟见长。

徐渭自幼聪明过人，有一天，徐渭的伯父把他和一群孩子叫到竹桥边，说：“谁能把这两桶

明佚名绘徐渭画像

shuǐ tí guò qiáo wǒ jiù sòng tā yì bāo lǐ
水提过桥，我就送他一包礼
wù yóu yú qiáo shēn ruǎn yǒu tán xìng
物。”由于桥身软，有弹性，
rén yì zǒu shàng qù qiáo jiù huì wān de
人一走上去，桥就会弯得
pèng dào shuǐ miàn yīn cǐ tí shuǐ hěn nán
碰到水面，因此提水很难
guò hé xú wèi zì gào fèn yǒng yòng
过河。徐渭自告奋勇，用
liǎng gēn shéng zi xì zhe shuǐ tǒng rán hòu
两根绳子系着水桶，然后
fàng zài shuǐ zhōng háo bú fèi lì de guò
放在水中，毫不费力地过
le xiǎo qiáo tā gāng yào qǔ lǐ wù bó
了小桥。他刚要取礼物，伯
fù què bǎ lǐ wù diào zài yì gēn cháng zhú
父却把礼物吊在一根长竹
gān shang bìng shuō bù néng bǎ zhú gān héng
竿上，并说不能把竹竿横
fàng yě bù néng zhàn zài dèng zi shang qù
放，也不能站在凳子上去
ná xú wèi yǎn zhū yí zhuàn zǒu dào jǐng
拿。徐渭眼珠一转，走到井
biān bǎ zhú gān màn màn fàng dào jǐng li
边，把竹竿慢慢放到井里，
dāng zhú gān hé tā yì bān gāo shí qīng yì
当竹竿和他一般高时，轻易
de qǔ xià le lǐ wù xiǎo huǒ bàn yì qǐ
地取下了礼物。小伙伴一起
huān hū dōu chēng zàn xú wèi jī zhì cōng
欢呼，都称赞徐渭机智聪
míng bó fù yě rěn bu zhù de gāo shēng
明，伯父也忍不住地高声
kuā zàn qǐ lái
夸赞起来。

明徐渭绘《古木寒鸦图》

luò

骆

历代名人

骆　统：三国时吴国将军。

骆宾王：唐朝文学家，“初唐四杰”之一。

骆文盛：明代翰林院编修。

姓氏溯源

骆姓主要有三种来源：一是出自姜姓，周代姜太公之后有公子骆，其子孙以祖父的字为姓。二是出自嬴姓，周初恶来革玄孙大骆建大骆国，周厉王时为西戎所灭，其后代便以国为姓。三是出自古鲜卑族改姓。

清人绘《历代名人像解》中的骆宾王画像

故事

七岁咏鹅

luò bīn wáng shì táng cháo chū nián zhù míng
骆宾王是唐朝初年著名

shī rén hé wáng bó yáng jiǒng lú zhào lín qí míng bèi chēng wéi chū táng
诗人，和王勃、杨炯、卢照邻齐名，被称为“初唐

sì jié luò bīn wáng chū shēn shū xiāng mén dì zài zǔ fù hé fù qīn de yǐng xiǎng
四杰”。骆宾王出身书香门第，在祖父和父亲的影响

xià zì yòu duì shī gē chǎn shēng le jí dà xìng qù yóu yú tiān zī cōng yǐng jiā
下，自幼对诗歌产生了极大兴趣。由于天姿聪颖，加

shàng kè kǔ nǔ lì tā wǔ liù suì de shí hou biàn zhǎng wò le shàng qiān shǒu shī hé
上刻苦努力，他五六岁的时候便掌握了上千首诗和

jǐ bǎi piān gǔ wén ér qiě xiě chū de shī yì xīn cí měi zuò chū de wén zhāng qì
几百篇古文，而且写出的诗意新词美，作出的文章气

shì háo mài chéng wéi yuǎn jìn wén míng de xiǎo cái zǐ
势豪迈，成为远近闻名的小才子。

nián qī yuè táng tài zōng xià lìng quán guó gè dì xuǎn bá rén cái lái
647年七月，唐太宗下令全国各地选拔人才。来
zhè jiāng yì wū xuǎn cái de guān yuán bié chū xīn cái zài kǎo shì zhī qián zhào kāi sài shī
浙江义乌选才的官员别出新裁，在考试之前召开赛诗
huì yǐ jìn xíng chū xuǎn zài luò bīn wáng de fǎn fù yāo qiú xià yé ye dài tā
会，以进行初选。在骆宾王的反复要求下，爷爷带他
qù cān jiā sài shī huì jiàn yì xiē yìng shì de kǎo shēng zuò shī fá wèi qī suì de
去参加赛诗会。见一些应试的考生作诗乏味，七岁的
luò bīn wáng yuè rù chǎng nèi kǎo guān jiàn tā yǒu dǎn shí biàn yǐ hú zhōng zhī é
骆宾王跃入场内。考官见他有胆识，便以湖中之鹅
wéi tí mìng tā zuò shī luò bīn wáng shāo jiā sī suǒ biàn suí kǒu yín dào
为题，命他作诗。骆宾王稍加思索，便随口吟道：

é é é qū xiàng xiàng tiān gē
鹅，鹅，鹅，曲项向天歌。
bái máo fú lǜ shuǐ hóng zhǎng bō qīng bō
白毛浮绿水，红掌拨清波。

zhòng rén tīng hòu wú bù pāi shǒu chēng zàn cóng cǐ luò bīn wáng qī suì
众人听后，无不拍手称赞。从此，骆宾王七岁
yǒng é de shì jì biàn guǎng wéi liú chuán chéng nián hòu yóu yú duì wǔ zé tiān zhí
咏鹅的事迹便广为流传。成年后，由于对武则天执
zhèng bù mǎn luò bīn wáng
政不满，骆宾王
bèi xià yù hòu yòu gēn suí
被下狱，后又跟随
xú jìng yè qǐ bīng tǎo fá wǔ
徐敬业起兵讨伐武
zé tiān suǒ xiě xí wén lián
则天，所写檄文连
wǔ zé tiān dōu zàn tàn bù yǐ
武则天都赞叹不已。
xú jìng yè bài wáng hòu luò
徐敬业败亡后，骆
bīn wáng xià luò bù míng
宾王下落不明。

清钱慧安绘骆宾王《咏鹅》诗意图

xià

夏

历代名人

夏　圭：南宋画家，“南宋四家”之一。
夏完淳：南明抗清将领、诗人，被捕后不屈被杀。
夏敬渠：清朝小说家，著有《野叟曝言》。

姓氏溯源

夏姓主要有两种来源：一是出自姒（sì）姓，其中一支以国为姓，是夏朝王族的后裔；另一支为夏侯氏的后代。二是出自妫姓，为西周陈国王族的后裔。

故事

完淳骂贼

清人绘夏允彝、夏完淳父子像

qīng jūn rù guān hòu　shàng hǎi sōng
清军入关后，上海松
jiāng de yì pī dú shū rén zài xià yǔn yí hé
江的一批读书人在夏允彝和
chén zǐ lóng de dài lǐng xià kāi shǐ le fǎn qīng
陈子龙的带领下开始了反清
dòu zhēng　xià yǔn yí shí wǔ suì de ér zi
斗争，夏允彝十五岁的儿子
xià wán chún yě jiā rù qí zhōng
夏完淳也加入其中。
yì nián hòu　xià yǔn yí hé chén
一年后，夏允彝和陈

子龙相继牺牲，夏完淳也因叛徒告密被捕。主持审讯的是明朝降将洪承畴，他知道夏完淳是江南出名的“神童”，想用荣华富贵作诱饵，使他屈服，于是说道：“只要你归顺大清，我给你官做。”夏完淳假装不认识洪承畴，厉声说：“我听说本朝有个叫洪承畴的，当年以身殉国，我钦佩他的忠烈，愿杀身报国，怎能落在他后面呢！”接着又痛骂审讯自己的洪承畴卖国求荣。洪承畴被骂得脸色像死灰一样，不敢再审下去，命人将夏完淳杀害，这位少年英雄死时年仅十七岁。

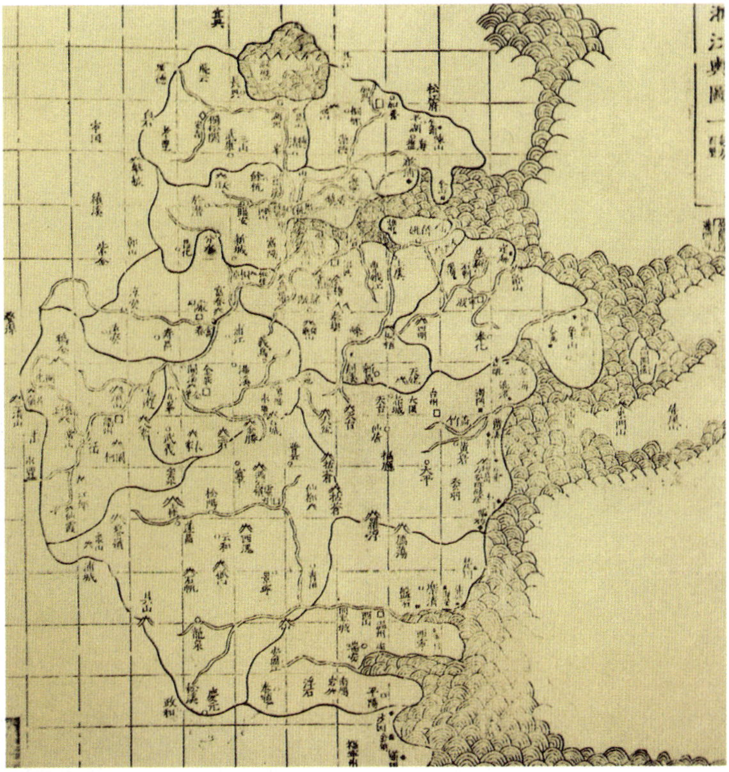

明罗洪先绘《广舆图·浙江舆图》，夏允彝、夏完淳父子曾在浙江参加抗清斗争

cài

蔡

历代名人

蔡　伦：东汉造纸术的发明者。

蔡　邕：东汉文学家、书法家。蔡文姬是他的女儿，也是有名的才女。

蔡　襄：北宋书法家，为“宋四家”之一。

姓氏溯源

蔡姓主要有两种来源：一是出自姞（jí）姓，为黄帝的后裔。二是出自姬姓，周武王灭商后，将叔度封于蔡地，蔡叔度便为蔡姓始祖。后来蔡国被楚国灭掉，其子孙便以国为姓。

故事

倒屣迎客

cài yōng shì dōng hàn zhù míng wén xué
蔡邕是东汉著名文学
jiā hé shū fǎ jiā zài cháng ān fēi cháng
家和书法家，在长安非常
yǒu míng qi dāng shí yǒu gè jiào wáng
有名气。当时，有个叫王
càn de rén suī rán zhǐ yǒu shí liù qī
粲的人，虽然只有十六七
suì què cái huá chū zhòng míng chuán sì
岁，却才华出众，名传四
fāng tā yīn yǎng mù cài yōng zhī míng
方。他因仰慕蔡邕之名，
zhuān chéng cóng shān dōng bù xíng dào cháng ān
专程从山东步行到长安

佚名绘《古代名臣图册》中的蔡邕画像

bài fǎng zhè tiān cài yōng zhèng zài jiā zhōng yǔ kè rén jiāo tán tīng shuō wáng
拜访。这天，蔡邕正在家中与客人交谈，听说王
càn qiú jiàn jí máng qǐ shēn xiāng yíng lián xié zi dōu gù bu de chuān hǎo
粲求见，急忙起身相迎，连鞋子都顾不得穿好，
dào tuō zhe xié zi jiù wǎng wài pǎo kè rén men jiàn wáng càn bú guò shì gè hái
倒拖着鞋子就往外跑。客人们见王粲不过是个孩
zi jué de cài yōng
子，觉得蔡邕
zhè yàng zuò yǒu shī shēn
这样做有失身
fèn kě cài yōng què
份。可蔡邕却
mǎn bú zài hu yì
满不在乎，一
biān hé wáng càn qīn qiè
边和王粲亲切
jiāo tán yì biān bǎ
交谈，一边把
tā jiè shào gěi kè rén
他介绍给客人
men cóng cǐ liǎng
们。从此，两
rén chéng wéi wàng nián
人成为忘年
zhī jiāo jīng cháng zài
之交，经常在
yì qǐ xué xí tán xīn
一起学习谈心，
hù xiāng qiē cuō ér
互相切磋，而
cài yōng dào xǐ yíng kè
蔡邕倒屣迎客
de gù shi yě chéng wéi
的故事也成为
qiān gǔ měi tán
千古美谈。

明臧懋循编《元曲选图 · 王粲登楼》之《假托名蔡邕荐士》，讲述蔡邕暗中帮助王粲的故事

tián

田

历代名人

田　文：战国时齐国贵族，号“孟尝君”，“战国四公子”之一。

田　单：战国时齐国大将，最早采用火攻战术。

田　横：齐国贵族，秦末起兵，重建齐国，楚汉战争中自立为王，后败亡海岛。

姓氏溯源

田姓主要有两种来源：一是出自妫姓，为陈国的后裔，春秋时被齐桓公封在田地，便以封地为姓，后来取代齐国的政权。二是出自黄姓所改，明朝初年黄子澄辅佐惠帝，因削藩致祸，不屈而死，他的儿子为避祸乱而改为田姓，其子孙世代承袭。

故事

火牛破敌

zhàn guó shí　yān guó yǐ yuè yì wéi jiāng
战国时，燕国以乐毅为将
jūn　yǔ hán　zhào　wèi　qín　chǔ wǔ
军，与韩、赵、魏、秦、楚五
guó lián hé gōng qí　yì lián gōng xià qī shí yú
国联合攻齐，一连攻下七十余
zuò chéng chí　jī hū jiāng qí guó miè wáng　qí
座城池，几乎将齐国灭亡。齐
jūn jiān shǒu jǔ　jí mò liǎng zuò gū chéng　kǔ
军坚守莒、即墨两座孤城，苦
kǔ zhī chēng
苦支撑。

清人绘乐毅画像

危急时刻，田单被推举为将军，率领即墨军民奋起抗敌。他利用燕惠王刚即位这一有利时机，采用反间计，使燕国用骑劫代替乐毅为将。接着，又用各种办法麻痹围城的燕军。公元前279年，田单征集了千余头牛，给它们披上绸衣，画上五彩，角绑利刃，尾束浸油的麻苇，同时在墙根挖了几十个洞口，把牛埋伏在里面。夜里，田单命士卒用火将牛尾巴上的麻苇点燃，火牛冲入燕军营中，五千精兵也随后杀出，将燕军杀得大败。齐军大破燕军后，又乘胜追击，一举收复七十余座城池，使齐国转危为安。

明刻本《百将图说》插图《火牛破敌》，描绘田单利用火牛阵大败燕军的场景

fán

樊

历代名人

樊　迟：春秋末齐国人，孔子七十二弟子之一。

樊　哙：西汉初将领，随刘邦起兵，屡立战功，被封为舞阳侯。

樊宗师：唐朝散文家。

姓氏溯源

樊姓主要有三种来源：一是出自子姓，是成汤的后代，为商朝末年七族之一。二是出自周武王的后代，武王的曾孙仲山甫因功被封于樊，其子孙便以封地为姓。三是出自西南少数民族姓氏。

故事

鸿门护宴

chǔ hàn zhàn zhēng shí， liú bāng、
楚汉战争时，刘邦、
xiàng yǔ xiān hòu jìn rù guān zhōng， liǎng
项羽先后进入关中，两
jūn duì zhì， jiàn bá nǔ zhāng。 xiàng yǔ
军对峙，剑拔弩张。项羽
de móu shì fàn zēng quàn tā jí zǎo chú diào
的谋士范增劝他及早除掉
liú bāng。 liú bāng zì zhī shì dān lì bó，
刘邦。刘邦自知势单力薄，
nán dí xiàng yǔ， jiù wěi qū qiú quán，
难敌项羽，就委曲求全，
dài zhāng liáng、 fán kuài děng bǎi yú rén dào
带张良、樊哙等百余人到

清人绘樊哙画像

hóng mén qiú hé
鸿门求和。

xiàng yǔ shè yàn zhāo dài liú bāng děng rén fàn zēng jǐ cì shì yì xiàng yǔ
项羽设宴招待刘邦等人，范增几次示意项羽

shā diào liú bāng bìng pài xiàng zhuāng zài xí jiān wǔ jiàn zhù xìng sì jī cì shā
杀掉刘邦，并派项庄在席间舞剑助兴，伺机刺杀

liú bāng yì shí jiān yàn xí zhōng shā jī sì fú wēi jí shí kè fán kuài tǐng
刘邦，一时间宴席中杀机四伏。危急时刻，樊哙挺

shēn ér chū chuǎng rù yàn xí chí jiàn wò dùn tóu fa dào shù yǎn jiǎo
身而出，闯入宴席，持剑握盾，头发倒竖，眼角

bèng liè nù shì xiàng yǔ
迸裂，怒视项羽。

tā tòng chì xiàng yǔ bù jiǎng
他痛斥项羽不讲

xìn yòng què shǐ xiàng yǔ
信用，却使项羽

duì tā shí fēn qīn pèi liú
对他十分钦佩。刘

bāng yǐ shàng cè suǒ wéi jiè
邦以上厕所为借

kǒu chèn jī táo huí bà
口，趁机逃回灞

shàng bì miǎn le shā shēn
上，避免了杀身

zhī huò ér zhèng shì zhè
之祸。而正是这

zàn shí de tuǒ xié shǐ liú
暂时的妥协，使刘

bāng dé yǐ chuǎn xī bǎo
邦得以喘息，保

cún le shí lì wèi rì hòu
存了实力，为日后

zhàn shèng xiàng yǔ dǎ xià le
战胜项羽打下了

jī chǔ
基础。

明刻本《两汉开国中兴志传》插图描绘的是鸿门宴场景，门外即将闯入者为樊哙

hú

胡

历代名人

胡三省：宋元之际史学家。

胡雪岩：清末企业家，有“红顶商人”之称。

胡林翼：晚清湘军首领，镇压太平天国主要人物之一。

姓氏溯源

胡姓主要有三种来源：一是出自妫姓，周武王封舜帝后裔妫满于陈，谥号陈胡公，其子孙便以妫满的谥号为姓。二是出自西周的两个胡国，春秋时被楚国所灭，其子孙便以国为姓。三是出自他姓改姓。

故事

红顶商人

hú xuě yán shì qīng cháo zhù míng
胡雪岩是清朝著名
shāng rén chū shēn pín hán nián qīng shí
商人，出身贫寒，年轻时
zài yì jiā qián zhuāng dāng pǎo jiē duì
在一家钱庄当跑街（对
wài dōu lǎn yè wù hé dǎ ting háng qíng de
外兜揽业务和打听行情的
rén yì tiān tā yù dào pín kùn liáo
人）。一天，他遇到贫困潦
dǎo de wáng yǒu líng jiàn tā qì dù bù
倒的王有龄，见他气度不

胡雪岩旧照

fán biǎo shì yuàn yì zī zhù tā jìn jīng móu guān bìng bǎ gāng shōu de wǔ bǎi liǎng
凡，表示愿意资助他进京谋官，并把刚收的五百两
yín zi jiè gěi le tā wáng yǒu líng ná qián jìn jīng zhǎo dào gù jiāo dāng shàng
银子借给了他。王有龄拿钱进京，找到故交，当上
zhè jiāng liáng tái zǒng bàn wáng yǒu líng yí shàng rèn biàn qù zhǎo hú xuě yán ràng tā
浙江粮台总办。王有龄一上任便去找胡雪岩，让他
cí qù gōng zuò zì bàn
辞去工作，自办
qián zhuāng hú xuě yán hěn
钱庄。胡雪岩很
yǒu jīng shāng cái néng qián
有经商才能，钱
zhuāng bàn de hóng hóng huǒ
庄办得红红火
huǒ zài jiāng zhè yí dài lǒng
火，在江浙一带垄
duàn jīn róng cāo zòng shāng
断金融，操纵商
yè tóng shí tā cóng
业。同时，他从
shì duì wài mào yì yòu jiān yíng
事对外贸易又兼营
yào cái chéng wéi guó jì
药材，成为国际
yào yè shì chǎng de jù tóu
药业市场的巨头。
yóu yú hú xuě yán lǚ jiàn qí
由于胡雪岩屡建奇
xūn bèi huáng dì shǎng cì
勋，被皇帝赏赐
yī pǐn dǐng dài hé huáng mǎ
一品顶戴和黄马
guà chéng wéi yǒu míng de
褂，成为有名的
hóng dǐng shāng rén
“红顶商人”。

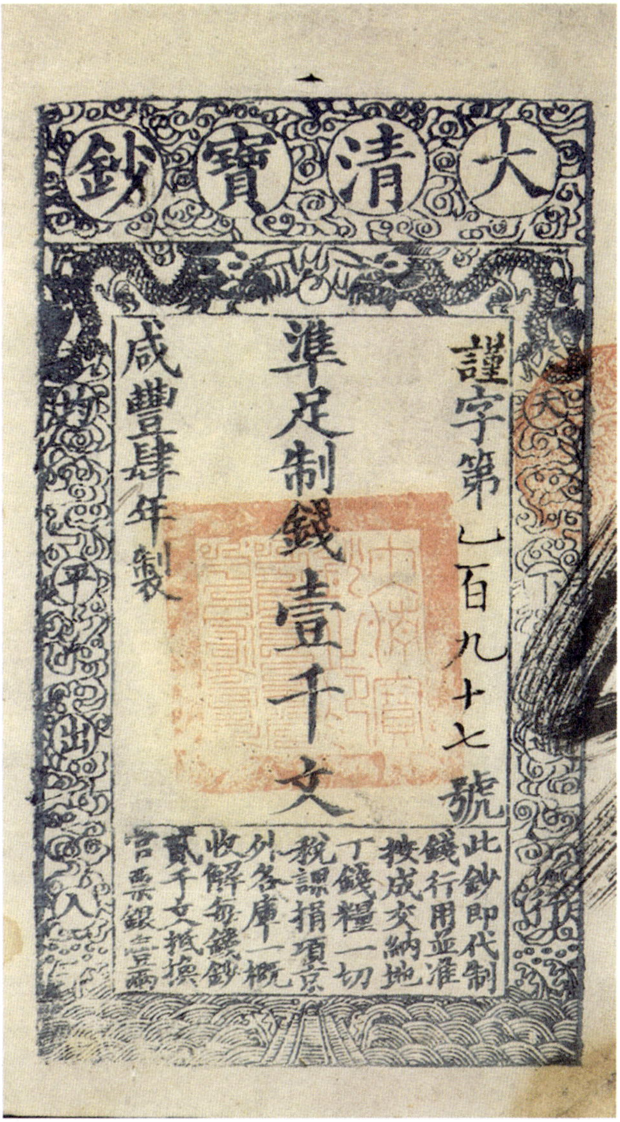

清咸丰四年大清宝钞壹千文

wàn

万

历代名人

万宝常：隋朝音乐家。

万斯同：清朝史学家，以布衣身份参加《明史》修撰。

万斯大：清朝经学家。

万　树：清朝文学家、戏曲作家。

姓氏溯源

万姓主要有三种来源：一是出自姬姓，春秋时，芮国的芮伯万当了周王朝的司徒，他的孙子便以祖父的字为姓。二是出自春秋时晋国毕万的后代。三是出自他族改姓。

掌故

布衣修史

míng mò qīng chū zhī jì níng bō xué
明末清初之际，宁波学
zhě wàn tài yǒu bā gè ér zi gè gè cái huá
者万泰有八个儿子，个个才华
chū zhòng qí zhōng yòu zǐ wàn sī tóng chéng
出众。其中，幼子万斯同成
jiù xiǎn zhù zài zhè dōng xué pài qīng chū
就显著，在浙东学派（清初
yǐ huáng zōng xī wàn sī dà wàn sī tóng
以黄宗羲、万斯大、万斯同、
quán zǔ wàng děng wéi dài biǎo de shǐ xué pài bié
全祖望等为代表的史学派别）
zhōng xiǎng yǒu zhòng yào dì wèi wàn sī tóng yán
中享有重要地位。万斯同研

清人绘万斯同画像

jiū míng shǐ suī rán jí yǒu chéng jiù dàn tā yì kāi shǐ bìng bù xiǎng wèi cháo tíng xiào
究明史虽然极有成就，但他一开始并不想为朝廷效
lì hòu lái dà xué shì xú yuán wén zhēng zhào tiān xià míng shì biān xiū míng
力。后来，大学士徐元文征召天下名士编修《明
shǐ qǐng wàn sī tóng chū shān wàn sī tóng yì shí dào biān xiū míng shǐ shì
史》，请万斯同出山。万斯同意识到编修《明史》事
guān zhōng jiān píng pàn hé zǐ sūn hòu shì de dà yè wèi le zài míng shǐ zhōng
关忠奸评判和子孙后世的大业，为了在《明史》中
rú shí de fǎn yìng míng dài zhēn xiàng zài zhēng qiú lǎo shī huáng zōng xī de yì jiàn
如实地反映明代真相，在征求老师黄宗羲的意见
hòu jué dìng yǐ bù yī de shēn fèn cān jiā xiū shǐ jì bù lǐng fèng lù yě
后，决定以布衣的身份参加修史，既不领俸禄，也
bù shǔ guān xián bìng zài jīng chéng zhōng yì dāi jiù shì èr shí sān nián shǐ zhōng
不署官衔，并在京城中一待就是二十三年，始终
yǐ xiū míng shǐ wéi jǐ rèn tài dù fēi cháng rèn zhēn wàn sī tóng yì shēng
以修《明史》为己任，态度非常认真。万斯同一生
bú mù míng lì
不慕名利，
wéi rén qiān gōng
为人谦恭，
jīng chéng zhōng de
京城中的
rén duì tā dōu hěn
人对他都很
jìng zhòng yīn
敬重，因
ér wèi wàn xìng
而为万姓
zhēng dé hěn dà
争得很大
de róng yù
的荣誉。

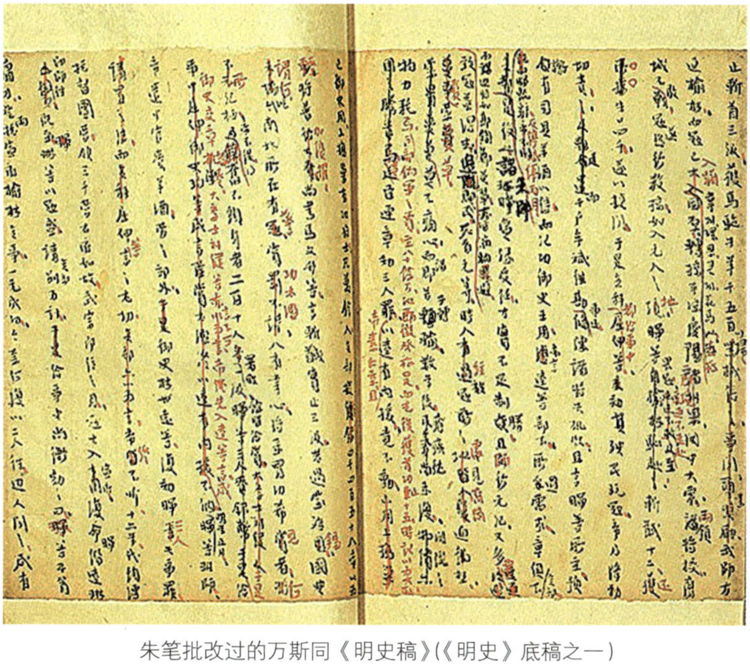
朱笔批改过的万斯同《明史稿》(《明史》底稿之一)

guǎn

管

历代名人

管　仲：春秋初期政治家，帮助齐桓公以“尊王攘夷”相号召，成为春秋五霸之首。

管　宁：三国时魏国学者。

管　辂：三国时魏国术士，精通《易》和占卜。

姓氏溯源

管姓主要有两种来源：一是出自姬姓，周武王灭商后封叔鲜于管，建立管国。后管叔因作乱被杀，其后代便以封地为姓。二是出自春秋时政治家管仲的后代。

民国蔡振绅编《八德须知 · 廉耻》插图《管宁善化》，讲述管宁为乡里人提供汲水器具，使百姓知耻、民风和善的故事

故事

管宁割席

dōng hàn mò nián guǎn níng hé huà xīn céng shì hǎo péng you tā men zì shì qīng gāo dàn bó míng lì yí cì tā liǎ zài cài yuán li chú cǎo wā chū yí kuài jīn zi guǎn

东汉末年，管宁和华歆曾是好朋友，他们自视清高，淡泊名利。一次，他俩在菜园里锄草，挖出一块金子。管

西汉画像石中的车马出行图

níng kàn yě bú kàn jì xù chú cǎo huà xīn zé jiǎn qǐ lái kàn le kàn rán hòu rēng
宁看也不看，继续锄草；华歆则捡起来看了看，然后扔
dào le yì biān guǎn níng bù mǎn de kàn le tā yì yǎn méi yǒu fā zuò
到了一边。管宁不满地看了他一眼，没有发作。

guò le bù jiǔ liǎ rén zhèng zài kàn shū yí liàng huá lì de chē zi cóng mén
过了不久，俩人正在看书，一辆华丽的车子从门
qián jīng guò guǎn níng sì hū méi yǒu tīng dào xuān nào shēng réng rán duān zuò zhe yòng
前经过，管宁似乎没有听到喧闹声，仍然端坐着用
xīn dú shū ér huà xīn què rēng xià shū běn pǎo dào mén wài qù kàn rè nao guǎn
心读书；而华歆却扔下书本，跑到门外去看热闹。管
níng shēng qì de shuō róng huá fù guì shì kào zì jǐ fèn dòu dé lái de kàn bié
宁生气地说：“荣华富贵是靠自己奋斗得来的，看别
rén yǒu shén me yòng guǎn níng kàn bu guàn huà xīn xiàn mù fù guì hé xū róng de xíng
人有什么用？”管宁看不惯华歆羡慕富贵和虚荣的行
wéi jué dìng yǔ tā duàn jiāo děng huà xīn huí lái hòu tā ná qǐ dāo zi bǎ
为，决定与他断交。等华歆回来后，他拿起刀子，把
liǎng rén gòng zuò de xí zi cóng zhōng jiān gē kāi bìng zhí jié liǎo dàng de shuō nǐ
两人共坐的席子从中间割开，并直截了当地说：“你
bú shì wǒ zhì tóng dào hé de péng you xuān bù yǔ huà xīn duàn jiāo
不是我志同道合的朋友！”宣布与华歆断交。

zōng

宗

历代名人

宗　炳：南朝宋画家，主张“畅神”之说，将中国画理论在“以形写神”的见解上又推进了一步。

宗　泽：南宋抗金名将，率军坚守东京，屡败金兵，后因赵构牵制，抱恨而死。

姓氏溯源

宗姓源于官职，周朝时大夫宗伯专管举行典礼时的礼仪、音乐、服装、队列等，在朝廷中的地位很重要。宗伯的后代以此为荣，便以先辈的官职为姓。

故事

渡河遗恨

zōng zé shì nán sòng ài guó míng jiàng
宗泽是南宋爱国名将，
nán sòng jiàn lì hòu zhào gòu bù sī jìn qǔ
南宋建立后，赵构不思进取，
zhǐ xiǎng bǎo zhù bàn bì jiāng shān ér zōng zé
只想保住半壁江山。而宗泽
děng kàng jīn jiàng lǐng què jī jí zǔ zhī jūn duì
等抗金将领却积极组织军队，
dǐ kàng jīn bīng de rù qīn dāng shí zōng
抵抗金兵的入侵。当时，宗
zé bú gù qī shí suì gāo líng réng qīn fù zhàn
泽不顾七十岁高龄，仍亲赴战
zhēng yī xiàn zhǐ huī shì bīng zuò zhàn zài
争一线，指挥士兵作战。在

清人绘《历代名臣像解》中的宗泽画像

rèn dōng jīng jīn hé nán kāi fēng liú shǒu qī jiān rèn yòng yuè fēi děng rén duō
任东京（今河南开封）留守期间，任用岳飞等人，多
cì dǎ bài jīn bīng
次打败金兵。

zhèng dāng nán sòng jūn duì shì qì gāo zhǎng shí zhào gòu què yǐ táo dào jiāng
正当南宋军队士气高涨时，赵构却已逃到江
nán zōng zé lián shàng èr shí yú fēng zòu zhāng qǐng zhào gòu huí zhù dōng jīng zhào
南。宗泽连上二十余封奏章，请赵构回驻东京，赵
gòu què zhì zhī bù lǐ wǎng zhōng shū shěng yì zhuǎn liǎo shì zōng zé shí fēn hán xīn
构却置之不理，往中书省一转了事。宗泽十分寒心，
zài jiā shàng láo lèi zhōng yú
再加上劳累，终于
bìng dǎo le zhòng jiàng qián lái
病倒了。众将前来
tàn wàng shí zōng zé fèn lì
探望时，宗泽奋力
zuò qǐ gǔ lì tā men jìn
坐起，鼓励他们尽
lì shā dí jí shǐ lín sǐ
力杀敌，即使临死
shí hái bú wàng shōu fù shī dì
时还不忘收复失地
de zhàn dòu lián hū sān shēng
的战斗，连呼三声
guò hé cái duàn qì
“过河！”才断气。
rán ér nán sòng zhèng fǔ de
然而，南宋政府的
tóu xiáng lù xiàn bìng méi yǒu bǎo
投降路线并没有保
zhù tā de bàn bì jiāng shān
住它的半壁江山，
gōng yuán nián nán sòng
公元1279年，南宋
bèi yuán cháo miè diào
被元朝灭掉。

清刻本《百将图说》插图《单骑赴州》，讲述宗泽单枪匹马奔赴抗金前线的故事

dīng

丁

历代名人

丁　恭：东汉经学家。

丁云鹏：明朝画家，擅画人物、佛像。

丁汝昌：清末海军将领，北洋水师提督，与日军血战刘公岛不胜，服毒自杀。

姓氏溯源

丁姓来源比较复杂：一是出自商朝诸侯丁侯的后代。二是出自姜姓，为姜太公的后裔。三是出自孙姓改姓，是周文王的后裔。四是出自子姓，为春秋时宋国大夫宋丁公的后代。

故事

血洒刘公岛

zhōng rì jiǎ wǔ hǎi zhàn hòu lǐ hóng zhāng
中日甲午海战后，李鸿章
cǎi qǔ bǎo chuán bì zhàn fāng zhēn xià lìng běi yáng
采取保船避战方针，下令北洋
jiàn duì jí jié zài wēi hǎi wèi jūn gǎng bù zhǔn chū
舰队集结在威海卫军港，不准出
hǎi yíng dí wēi hǎi wèi wèi yú yān tái chéng
海迎敌。威海卫位于烟台、成
shān zhī jiān yǔ lǚ shùn yáo yáo xiāng duì gǒng
山之间，与旅顺遥遥相对，拱
wèi zhe bó hǎi mén hù shì běi yáng hǎi jūn de jī
卫着渤海门户，是北洋海军的基
dì zhī yī rì jūn jiàn qīng cháo hǎi jūn tuì shǒu wēi
地之一。日军见清朝海军退守威

丁汝昌旧照

海卫，便采取抄后锁前的战术来攻取该地。

1895年2月，日军集中舰只和军队，向北洋舰队发动袭击。清军官兵奋起抵抗，伤亡惨重，威海卫陷落。为了掠夺北洋舰队船只，日军派人给丁汝昌送信，要他率舰投降。丁汝昌识破日军的阴谋，下令各舰血战到底，决不让日军得到一块甲板。由于港口被封锁，北洋舰队损失惨重。最终，丁汝昌率军退到刘公岛，他决心不做俘虏，服毒自杀。此战，北洋舰队全军覆没，清朝从此失去制海权。

清人绘《渤海阅师图册》之《威海船操》，甲午海战后，清军海军主力就驻扎在威海卫

hóng

洪

历代名人

洪　适：南宋金石学家。

洪亮吉：清朝经学家、文学家。

洪秀全：清末太平天国领袖，领导起义军战斗 14 年，对中国近代历史影响深远。

姓氏溯源

洪姓主要有两种来源：一是出自上古炎帝后裔共工氏的后代。二是以国为姓，西周时有人被封在共地，称为共伯，共伯的后代便以国为姓，后来为避仇改为洪姓。

故事

金田起义

yā piàn zhàn zhēng hòu　qīng cháo
鸦片战争后，清朝
bǎi xìng miàn lín de fēng jiàn yā pò hé wài
百姓面临的封建压迫和外
lái qīn lüè rì qū yán zhòng
来侵略日趋严重。1843
nián　hóng xiù quán　féng yún shān chuàng
年，洪秀全、冯云山创
lì bài shàng dì huì hòu　dào guì píng zǐ
立拜上帝会后，到桂平紫
jīng shān fā zhǎn huì zhòng　jī jí jìn
荆山发展会众，积极进
xíng fǎn qīng qǐ yì de zhǔn bèi gōng zuò
行反清起义的准备工作。

太平天国天王玉玺玺文

清人绘《武昌省城战图》，描绘清军与太平军在武昌作战的场景

nián qián hòu guǎng xī fā shēng jī huang gè dì mín zhòng fēn fēn qǐ yì
1849年前后，广西发生饥荒，各地民众纷纷起义。
hóng xiù quán jiàn shí jī chéng shú nián yuè mìng gè dì huì zhòng dào guì
洪秀全见时机成熟，1850年7月，命各地会众到桂
píng jīn tián cūn jí zhōng zhǔn bèi qǐ yì shù yuè jiān jiù jí zhōng le yí wàn duō
平金田村集中，准备起义，数月间就集中了一万多
rén hóng xiù quán àn jūn shì biān zhì jiāng huì zhòng zǔ zhī qǐ lái jiā yǐ xùn liàn
人。洪秀全按军事编制将会众组织起来，加以训练，
zǔ chéng tài píng jūn bìng yú nián yuè zài jīn tián xuān bù qǐ yì jiàn
组成太平军，并于1851年1月在金田宣布起义，建
hào tài píng tiān guó cǐ hòu tài píng jūn zhuǎn zhàn shí sì nián zòng héng shí bā
号太平天国。此后，太平军转战十四年，纵横十八
shěng chén zhòng de dǎ jī le qīng cháo de tǒng zhì
省，沉重地打击了清朝的统治。

shí

石

历代名人

石　碏：春秋时卫国大臣，以“大义灭亲”闻名。

石　申：战国时魏国天文学家，著有《天文》八卷。

石　勒：十六国时期后赵的建立者。

石达开：清末太平天国领导人之一。

姓氏溯源

石姓主要有三种来源：一是出自姬姓，为春秋时卫国贤臣石碏（què）的后代。二是出自姬姓和子姓，为郑国大夫石癸和宋国大夫公子段（字子石）的后代。三是出自他族加入或他姓改姓。

故事

大义灭亲

chūn qiū shí　wèi guó de zhōu yù zài shí hòu de bāng zhù xià　shā hài gē ge
春秋时，卫国的州吁在石厚的帮助下，杀害哥哥
wèi huán gōng　zì lì wéi guó jūn　yóu yú dà xīng tǔ mù　sì chù zhēng bīng　jié
卫桓公，自立为国君。由于大兴土木，四处征兵，结
guǒ yǐn qǐ bǎi xìng de bù mǎn　jǐ wèi zhèng zhí de dà chén àn zhōng shāng yì　zhǔn
果引起百姓的不满。几位正直的大臣暗中商议，准
bèi dào zhōu tiān zǐ nà lǐ qù jiē lù zhōu yù shì jūn cuàn wèi de zuì xíng　zhōu yù shí
备到周天子那里去揭露州吁弑君篡位的罪行。州吁十
fēn kǒng huāng　zhǎo lái shí hòu shāng tǎo duì cè
分恐慌，找来石厚商讨对策。

shí hòu rèn wéi fù qīn shí què hěn yǒu móu lüè　yú shì biàn xī wàng tā wèi
石厚认为父亲石碏很有谋略，于是便希望他为
zhōu yù shuō jǐ jù hǎo huà　shí què shì wèi guó dé gāo wàng zhòng de dà chén　tā
州吁说几句好话。石碏是卫国德高望重的大臣，他

fēi cháng bú zàn tóng ér zi hé zhōu yù de zuò fǎ dàn yòu méi yǒu bàn fǎ jiā yǐ zhì
非常不赞同儿子和州吁的做法，但又没有办法加以制
zhǐ xiàn zài ér zi xiàng tā qiú jiù yú shì biàn xīn shēng yí jì jiào tā liǎ qù
止。现在儿子向他求救，于是便心生一计，叫他俩去
chén guó zhǎo shēn dé zhōu tiān zǐ xìn rèn de chén huán gōng ràng chén huán gōng tì
陈国找深得周天子信任的陈桓公，让陈桓公替
tā men shuō qíng rán hòu tā pài rén gěi chén guó sòng xìn shuō èr rén shì shā
他们说情。然后，他派人给陈国送信，说二人是杀
hài guó jūn de xiōng shǒu ràng chén guó jiāng tā men dài bǔ zhōu yù hé shí hòu gāng
害国君的凶手，让陈国将他们逮捕。州吁和石厚刚
dào chén guó jiù bèi zhuā le qǐ lái wèi guó pài rén shā le zhōu yù kǎo lǜ dào
到陈国，就被抓了起来。卫国派人杀了州吁，考虑到
shí hòu shì shí què de ér zi zhǔn bèi cóng kuān chǔ lǐ dàn shí què jiān jué bù tóng
石厚是石碏的儿子，准备从宽处理。但石碏坚决不同
yì pài jiā rén shā le shí hòu hòu rén tí qǐ zhè jiàn shì dōu chēng shí què wéi
意，派家人杀了石厚。后人提起这件事，都称石碏为
dà yì miè qīn de kǎi mó
“大义灭亲”的楷模。

明汪廷讷撰《人镜阳秋》插图，讲述石碏拒绝从宽处理儿子，最终大义灭亲的故事

cuī

崔

历代名人

崔　骃：东汉文学家，与班固、傅毅齐名。

崔　护：唐朝诗人。

崔　颢：唐朝诗人，其《黄鹤楼》诗十分著名。

崔　白：北宋画家，擅画花竹、禽鸟。

姓氏溯源

崔姓来源比较单一，主要出自西周时的齐国。齐国开国国君姜尚的孙子叫季子，本应该继承君位，却让给了弟弟，自己则到封地崔邑去了，他的后人便以封地为姓。

故事

人面桃花

崔护是唐朝著名诗人，他有一首《题都城南庄》的诗流传很广，脍炙人口。据传，崔护创作该诗经历了

近代蒋洽绘《人面桃花相映红》扇面

yí duàn tè bié de shēng huó tǐ yàn
一段特别的生活体验。

yǒu yì nián qīng míng jiāng zhì cuī hù mǎi dào yì fú huà shēn wéi qí
有一年，清明将至，崔护买到一幅画，深为其
zhōng de měi jǐng suǒ xī yǐn qīng míng zhè yì tiān cuī hù xìn bù zǒu dào chéng nán
中的美景所吸引。清明这一天，崔护信步走到城南
jiāo wài fā xiàn yí chù hé huà zhōng yí yàng de fēng jǐng zhè shí yí wèi měi lì
郊外，发现一处和画中一样的风景。这时，一位美丽
de shào nǚ wèi tā sòng lái yì wǎn xiāng chá cí bié shí shào nǚ yǐ mén gù wàng
的少女为他送来一碗香茶。辞别时，少女倚门顾望，
liàn liàn bù shě dì èr nián qīng míng jié cuī hù yòu dú zì lái dào nán jiāo què
恋恋不舍。第二年清明节，崔护又独自来到南郊，却
fā xiàn shào nǚ yǐ bú jiàn zōng yǐng zhǐ yǒu táo huā yī jiù yíng fēng kāi fàng yú shì
发现少女已不见踪影，只有桃花依旧迎风开放，于是
xiě xià qù nián
写下“去年
jīn rì cǐ mén
今日此门
zhōng rén miàn
中，人面
táo huā xiāng yìng
桃花相映
hóng rén miàn
红。人面
bù zhī hé chù
不知何处
qù táo huā yī
去，桃花依
jiù xiào chūn fēng
旧笑春风”
zhè shǒu bǎo hán
这首饱含
yōu shāng de shī
忧伤的诗。

清吴友如绘《古今人物百图》之一，描绘崔护《题都城南庄》中“人面桃花相映红”诗意

chéng

程

历代名人

程　婴：春秋时晋国义士，舍身救孤的故事千古传颂。

程　颢：北宋哲学家、教育家，北宋理学的奠基者。

程　颐：北宋哲学家、教育家，北宋理学的奠基者，与兄程颢世称“二程”。

姓氏溯源

程姓主要有四种来源：一是出自风姓，为远古时重、黎二人的后代。二是出自商周之际伯符的后代。三是以封地为姓，为程伯休父的后代。四是出自姬姓，由荀氏后裔改姓而来。

故事

舍身救孤

chūn qiū shí jìn guó jiān chén tú
春秋时，晋国奸臣屠
àn gǔ yīn hé zhào shì jiā zú yǒu chóu biàn
岸贾因和赵氏家族有仇，便
gǔ dòng jìn jǐng gōng shā le zhào shì quán jiā
鼓动晋景公杀了赵氏全家。
zhào shuò de qī zi zhuāng jī shēn huái yǒu
赵朔的妻子庄姬身怀有
yùn yīn duǒ jìn gōng zhōng cái xìng miǎn yú
孕，因躲进宫中才幸免于
nàn hòu lái zhuāng jī shēng xià yí gè
难。后来，庄姬生下一个
nán hái zhào jiā de mén kè chéng yīng hé
男孩，赵家的门客程婴和

清人绘程婴画像

gōng sūn chǔ jiù jué xīn jiù xià zhào shì gū ér chéng yīng mào zhe shēng mìng wēi xiǎn
公孙杵臼决心救下赵氏孤儿。程婴冒着生命危险
jiāng hái zi tōu zhe dài chū gōng tóng shí bǎ zì jǐ qī zi gāng shēng de hái zi jiāo
将孩子偷着带出宫，同时把自己妻子刚生的孩子交
gěi gōng sūn chǔ jiù rán hòu dào tú àn gǔ nà lǐ jǔ bào gōng sūn chǔ jiù cáng nì
给公孙杵臼，然后到屠岸贾那里举报公孙杵臼藏匿
zhào shì gū ér tú àn gǔ dài bīng zhuī dào shǒu yáng shān shā sǐ gōng sūn chǔ jiù
赵氏孤儿。屠岸贾带兵追到首阳山，杀死公孙杵臼，
shuāi sǐ yīng ér chéng yīng rěn zhe guó rén de màn mà jiāng zhào shì gū ér fǔ yǎng
摔死婴儿。程婴忍着国人的谩骂，将赵氏孤儿抚养
chéng rén zuì zhōng shā sǐ tú àn gǔ bào le dà chóu chéng yīng jiàn dà chóu yǐ
成人，最终杀死屠岸贾，报了大仇。程婴见大仇已
bào bá jiàn zì wěn hòu rén jiāng tā yǔ gōng sūn chǔ jiù zàng zài yí gè mù zhōng
报，拔剑自刎，后人将他与公孙杵臼葬在一个墓中，
chēng zhī wéi èr yì zhǒng
称之为“二义冢”。

明汪廷讷撰《人镜阳秋》插图，描绘程婴告发公孙杵臼藏匿赵氏孤儿，屠岸贾率领人马追到公孙杵臼藏身之处的场景

lù

陆

历代名人

陆　贾：西汉初期政论家、辞赋家。
陆　逊：三国时东吴名将。
陆　羽：唐朝学者，以嗜茶著名，撰有《茶经》。
陆　游：南宋爱国诗人。

姓氏溯源

陆姓主要有三种来源：一是出自传说中颛顼帝曾孙陆终的后代。二是西周宣王的儿子被封于陆乡，其子孙以陆为姓。三是出自春秋时的陆浑国，陆浑国被晋国灭掉后，其遗民便以国为姓。

故事

火烧连营

三国时，关羽由于骄傲轻敌，失去荆州，败走麦城，被孙权活捉斩首。消息传到成都，刘备悲痛万分，他不顾诸葛亮等人的劝阻，率七十多万大军亲征东吴。蜀军势如破竹，

清人绘陆逊画像

直达彝陵地区。东吴朝野震惊，危难之际，孙权力排众议，大胆起用陆逊为都督，率军迎战蜀军。

陆逊深入分析蜀、吴两军兵力、士气、地形等各方面的情况，决定采取暂避蜀军锋芒，坚守待机的策略。同时，他发现蜀军依山傍林而驻，心中大喜，决定采用火攻。一天夜里，陆逊趁着东南风，命人放火，蜀军顿时大乱，相互践踏，死伤无数。刘备仓皇败走白帝城，从此一病不起。

清绣像本《三国演义》插图《陆逊营烧七百里》，讲述刘备伐吴，在彝陵布下营寨七百里，结果被陆逊火攻击败的故事

duàn

段

历代名人

段成式：唐朝文学家，与温庭筠、李商隐齐名。

段思平：五代时大理第一世王。

段玉裁：清朝文字训诂学家、经学家，著有《说文解字注》。

姓氏溯源

段姓主要有三种来源：一是出自姬姓，春秋时，郑庄公与共叔段之间发生争斗，共叔段失败后，其子孙避难各地，他们便以祖父的字为姓。二是出自复姓段干。三是出自辽西鲜卑族。

故事

老而好学

duàn yù cái shì qīng cháo zhù míng wén zì
段玉裁是清朝著名文字
xùn gǔ xué jiā hé jīng xué jiā suǒ zhù shuō
训诂学家和经学家，所著《说
wén jiě zì zhù shì hòu dài yán jiū wén zì
文解字注》是后代研究文字
xùn gǔ xué de zhòng yào cān kǎo shū liù shū
训诂学的重要参考书；《六书
yīn jūn biǎo bǎ gǔ yīn fēn wéi liù lèi shí qī
音均表》把古音分为六类十七
bù zhī zhī zhī sān bù fēn
部，“支”“脂”“之”三部分

清叶衍兰绘段玉裁画像

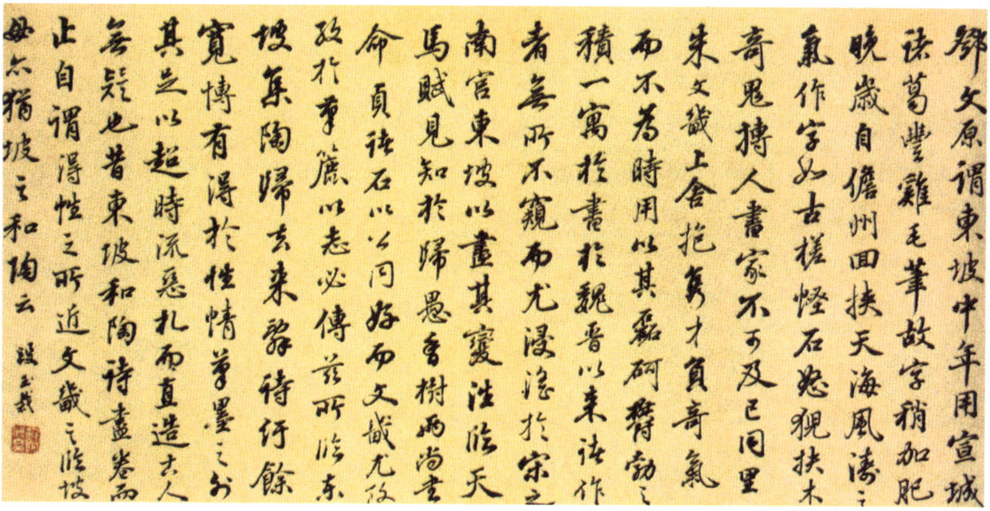

清段玉裁书法《论书一则》

立，是他的独创。

段玉裁从小热爱学习，老了以后仍好学不倦。周秦两汉的书他无所不读，因此知识非常渊博。但段玉裁总觉得自己读书太少，没有取得什么成就。八十岁那年，他写了一篇自序，叹息八十年的宝贵光阴像流水似的一去不复返，并决心从此要更加珍惜时光，多读书。他告诫子孙说：“一个人不要虚度年华，要惜时如金；只要不虚度年华，生命无论长短，都是有意义的。如果虚度年华，即使活得再长，也没有什么意义。”

wǔ

武

历代名人

武　臣：秦末农民起义军将领。

武则天：唐高宗皇后，武周皇帝。

武　松：《水浒传》人物，梁山英雄之一。

武宗元：北宋画家，擅画佛道鬼神。

姓氏溯源

武姓来源比较复杂：一是出自姬姓，为周平王的后代。二是出自夏朝武罗国君之后。三是出自子姓，为商王武丁的后代。四是出自汉朝武强王的后代。

清张琳绘《水浒人物图传》中的武松画像

故事

武松打虎

běi sòng shí yǒu gè hǎo hàn
北宋时，有个好汉

jiào wǔ sōng yǒu yì nián tā cóng
叫武松。有一年，他从

cāng zhōu huí shān dōng qīng hé lǎo jiā
沧州回山东清河老家

kàn wàng gē ge shǎng wǔ shí fēn
看望哥哥，晌午时分，

zǒu jìn yì jiā xiǎo diàn yào le xiē
走进一家小店，要了些

jiǔ cài chī hē qǐ lái bù chéng xiǎng
酒菜吃喝起来，不承想

hē zuì le wǔ sōng diē diē zhuàng zhuàng de zǒu chū jiǔ diàn diàn xiǎo èr jí máng
喝醉了。武松跌跌撞撞地走出酒店，店小二急忙
zhuī chū qù gào su tā qián miàn jǐng yáng gāng shang yǒu měng hǔ zuì hǎo zhǎo jǐ
追出去告诉他，前面景阳冈上有猛虎，最好找几
gè bàn er yí kuài er zǒu wǔ sōng què mǎn bú zài hu de shuō jiù shì yǒu hǔ
个伴儿一块儿走。武松却满不在乎地说：“就是有虎，
wǒ yě bú pà shuō wán jì xù xiàng qián zǒu qù
我也不怕。”说完继续向前走去。

zǒu le yí huì er yóu yú jiǔ lì fā zuò wǔ sōng jué de yǒu xiē kùn juàn jiù tǎng zài shí bǎn shang shuì zháo le
走了一会儿，由于酒力发作，武松觉得有些困倦，就躺在石板上睡着了。
tū rán yí zhèn kuáng fēng xí lái guǒ rán lái le yì zhī měng hǔ wǔ sōng háo bú wèi jù yǔ lǎo hǔ zhǎn kāi shū sǐ bó dòu zuì zhōng jiāng lǎo hǔ dǎ sǐ cóng cǐ wǔ sōng chéng le jiā yù hù xiǎo de dǎ hǔ yīng xióng
突然，一阵狂风袭来，果然来了一只猛虎。武松毫不畏惧，与老虎展开殊死搏斗，最终将老虎打死。从此，武松成了家喻户晓的打虎英雄。

明刻本《水浒传》插图《景阳冈武松打虎》

liú

刘

历代名人

刘　邦：西汉王朝的建立者。

刘　秀：东汉王朝的建立者。

刘　勰：南朝梁文学理论批评家，著有《文心雕龙》。

刘　恕：北宋史学家，参与编撰《资治通鉴》。

姓氏溯源

刘姓主要有两种来源：一是出自祁姓，尧的子孙中有个叫刘累的，曾为夏帝孔甲养龙，后因饲养不善，怕被治罪，逃到河南，其子孙便以刘为姓。二是出自姬姓，为西周王季之子刘邑的后代。

故事

刘恕苦读

liú shù shì běi sòng zhù míng shǐ xué jiā, yì shēng qín fèn hào xué, xī shí rú jīn。 yóu yú jiā jìng pín hán, tā zhǐ dé kào bèi shū、chāo

刘恕是北宋著名史学家，一生勤奋好学，惜时如金。由于家境贫寒，他只得靠背书、抄

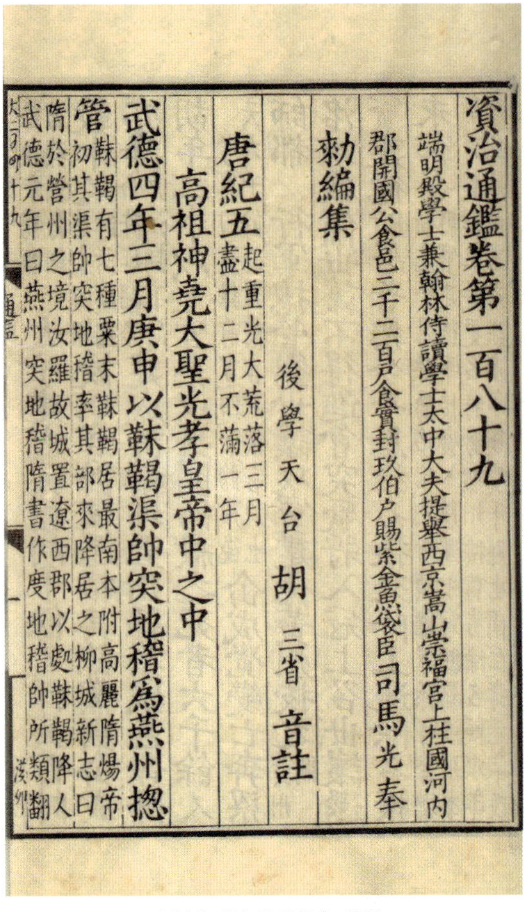
資治通鑑卷第一百八十九
端明殿學士兼翰林侍讀學士太中大夫提舉西京嵩山崇福宮上柱國河內
郡開國公食邑二千二百戶食實封玖伯戶賜紫金魚袋臣司馬光奉
勑編集
後學天台胡三省音註
唐紀五 起重光大荒落三月盡十二月不滿一年
高祖神堯大聖光孝皇帝中之中
武德四年三月庚申以靺鞨渠帥突地稽爲燕州摠
管 靺鞨有七種粟末靺鞨居最南本附高麗隋煬帝初其渠帥突地稽率其部來降居之柳城新志曰隋於營州之境汝羅故城置遼西郡以處靺鞨降人武德元年曰燕州突地稽隋書作度地稽帥所類翻

清刻本《资治通鉴》书影

shū lái mǎn zú zì jǐ qiú xué de xū yào yǒu shí wèi le xué xí shèn zhì bù yuǎn
书来满足自己求学的需要，有时为了学习，甚至不远
shù bǎi lǐ wài chū xún shū jiè shū
数百里，外出寻书借书。

yí cì tā dé zhī xué zhě sòng cì dào jiā cáng shū fēng fù jiù rào dào pǎo
一次，他得知学者宋次道家藏书丰富，就绕道跑
qù jiè yuè sòng cì dào shè yàn zhāo dài tā liú shù què shuō wǒ bú shì lái
去借阅。宋次道设宴招待他，刘恕却说：“我不是来
xiǎng shòu měi jiǔ jiā yáo de zhè yàng zhǐ huì dān wu zhèng shì qǐng bǎ jiǔ cài chè
享受美酒佳肴的，这样只会耽误正事，请把酒菜撤
zǒu ba rán hòu tā yì tóu zuān jìn cáng shū lóu biān dú biān chāo bái tiān
走吧！”然后，他一头钻进藏书楼，边读边抄，白天
gù bu shàng xiū xi wǎn shang wàng jì le shuì jiào zhè yàng jiān chí le shí duō
顾不上休息，晚上忘记了睡觉，这样坚持了十多
tiān zhí dào bǎ suǒ xū yào de shū quán bù dú wán chāo wán yóu yú xué xí kè
天，直到把所需要的书全部读完、抄完。由于学习刻
kǔ liú shù de xué wen shí fēn yuān bó hòu lái chéng wéi sī mǎ guāng biān zhuàn
苦，刘恕的学问十分渊博，后来成为司马光编撰
zī zhì tōng jiàn de zhòng yào xié zhù zhě
《资治通鉴》的重要协助者。

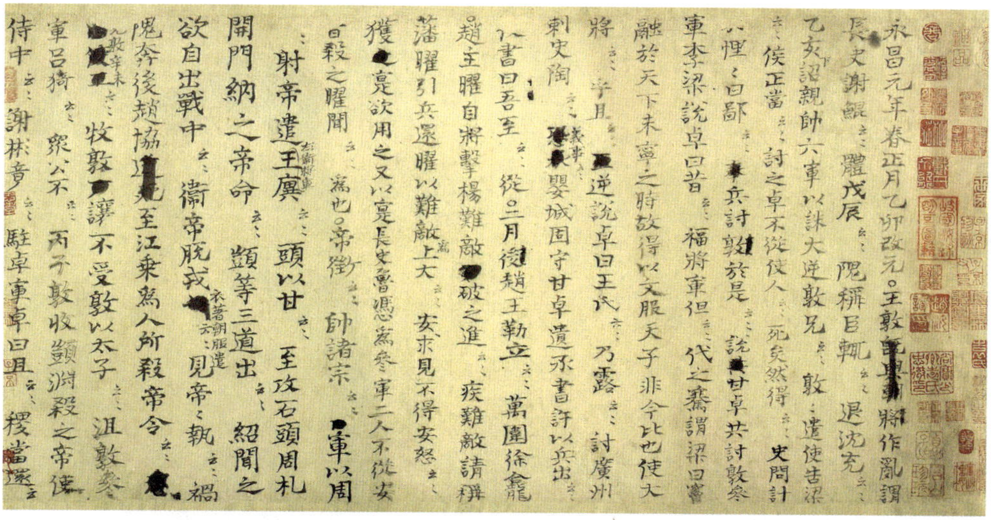

北宋司马光所撰《资治通鉴》残稿

zhān

詹

历代名人

詹体仁：南宋大臣，理学家。

詹希原：明朝书法家，被誉为“国朝第一手”。

詹天佑：铁路工程专家，中国铁路工程的先驱，主持修建了中国人自己设计的京张铁路。

姓氏溯源

詹姓主要有三种来源：一是出自姬姓，周宣王有个庶子被封在詹地，建立詹国，其子孙便以封地为姓。二是出自黄帝后代中德高望重的詹氏的后代。三是以官职为姓，古代负责管理占卜的官叫詹尹，其后人便以祖上的官职为姓。

故事

铁路先锋

qīng cháo mò nián qīng zhèng fǔ xuǎn
清朝末年，清政府选
sòng yì pī yòu tóng chū guó liú xué shí
送一批幼童出国留学，十
suì de zhān tiān yòu biàn shì qí zhōng yí wèi
岁的詹天佑便是其中一位。
zhān tiān yòu shí qī suì kǎo rù měi guó yē
詹天佑十七岁考入美国耶
lǔ dà xué zài tǔ mù gōng chéng xì xué
鲁大学，在土木工程系学
xí tiě lù gōng chéng qǔ dé xué shì xué
习铁路工程，取得学士学

詹天佑身着官服半身照

京张铁路南口机车房照片

wèi yǐ hòu huí guó rèn gōng chéng shī
位以后，回国任工程师。

dāng shí zhōng guó rén xiū jiàn tiě lù cǎi qǔ de shì guān dū shāng
当时，中国人修建铁路，采取的是“官督商
bàn de xíng shì gōng sī li de wài guó rén kàn bu qǐ zhōng guó de gōng chéng shī
办”的形式，公司里的外国人看不起中国的工程师，
zhān tiān yòu hěn bù fú qì jué xīn yòng zhōng guó rén de jì shù lì liàng lái xiū jiàn
詹天佑很不服气，决心用中国人的技术力量来修建
zhōng guó de tiě lù nián zhān tiān yòu zhǔ chí xiū jiàn cóng běi jīng dào zhāng
中国的铁路。1905年，詹天佑主持修建从北京到张
jiā kǒu de tiě lù tā zài sān gè guān jiàn wèn tí shang zuò chū le tū chū gòng xiàn
家口的铁路，他在三个关键问题上做出了突出贡献。
yī shì xuǎn xiàn kē xué hé lǐ èr shì yǐn jìn hé gǎi jìn le zì dòng guà gōu sān
一是选线科学合理，二是引进和改进了自动挂钩，三
shì fā míng le shuāng tóu liè chē jīng zhāng tiě lù tí qián liǎng nián wán gōng zhè shì
是发明了双头列车。京张铁路提前两年完工，这是
zhōng guó rén zì xíng shè jì xiū jiàn de dì yī tiáo tiě lù dà dà zhǎng le zhōng guó
中国人自行设计修建的第一条铁路，大大长了中国
rén de zhì qì
人的志气。

yè

叶

历代名人

叶梦得：南宋文学家，学问博洽，精熟掌故。

叶　适：南宋哲学家，永嘉学派集大成者，在哲学、史学、文学以及政论等方面都有贡献。

叶　桂：清朝医学家，著有《温热论》。

姓氏溯源

叶姓主要有两种来源：一是出自芈姓，为颛顼帝的后裔。春秋时，沈诸梁因功被楚昭王封在叶地，其后人便以封地为姓。二是出自古代少数民族中姓叶的。

故事

良医叶桂

yè guì shì qīng cháo yī xué jiā zhù yǒu wēn

叶桂是清朝医学家，著有《温

rè lùn chàng dǎo wēn bìng wèi qì yíng xuè

热论》，倡导温病卫、气、营、血

de biàn zhèng hé zhì fǎ duì wēn bìng xué shuō pō yǒu

的辨证和治法，对温病学说颇有

fā zhǎn yè guì nián qīng shí biàn jì chéng jiā xué tā

发展。叶桂年轻时便继承家学，他

fēi cháng qiān xū wèi xī qǔ gè jiā zhī cháng xiān

非常谦虚，为吸取各家之长，先

hòu bài shī shí qī cì

后拜师十七次。

yí cì yè guì gěi yí gè dú shū rén kàn

一次，叶桂给一个读书人看

清乾隆洋彩蓝地番莲纹如意耳瓶

bìng zhěn le mài zhī hòu gào su nà rén bù chū bǎi rì tā jiāng huì sǐ qù
病，诊了脉之后，告诉那人，不出百日他将会死去。
hòu lái dú shū rén yòu dào yí gè lǎo hé shang nà lǐ qù kàn bìng zhěn duàn yǔ yè
后来，读书人又到一个老和尚那里去看病，诊断与叶
guì xiāng tóng dàn lǎo hé shang ràng dú shū rén lián xù chī yì bǎi tiān lí jìng rán
桂相同，但老和尚让读书人连续吃一百天梨，竟然
bǎ bìng zhì hǎo le yè guì zhī
把病治好了。叶桂知
dào cǐ shì hòu zhāi xià yī pái
道此事后，摘下医牌，
yǐn xìng mái míng gēn lǎo hé shang xué
隐姓埋名跟老和尚学
yī sān nián hòu lǎo hé shang
医。三年后，老和尚
duì yè guì shuō nǐ kě yǐ huí
对叶桂说：“你可以回
qù le píng nǐ xiàn zài de yī
去了，凭你现在的医
shù yǐ jīng chāo guò jiāng nán de
术，已经超过江南的
yè guì le hòu lái lǎo hé
叶桂了。”后来，老和
shang liǎo jiě le shì qing de zhēn
尚了解了事情的真
xiàng shēn wéi yè guì bù chǐ xià
相，深为叶桂不耻下
wèn de jīng shén suǒ gǎn dòng bǎ
问的精神所感动，把
zì jǐ de yī shù quán bù chuán shòu
自己的医术全部传授
gěi tā jiù zhè yàng yè guì
给他。就这样，叶桂
jí gè jiā zhī cháng chéng wéi qīng
集各家之长，成为清
cháo zhù míng de yī xué jiā
朝著名的医学家。

清潘恭寿绘叶桂（字天士）画像

bái

白

历代名人

白　起：战国时秦国名将，以功封武安君。

白居易：唐朝诗人，新乐府运动的倡导者。

白　朴：元朝戏曲作家，“元曲四大家”之一。

白　英：明朝水利专家，为疏通大运河做出贡献。

姓氏溯源

白姓来源比较复杂：一是出自姬姓，为战国秦将白乙丙的后裔。二是出自上古，为炎帝大臣白阜的后代。三是出自芈姓，为楚国白公胜的后代。四是出自姬姓，为春秋时秦文公的儿子公白的后代。五是出自少数民族姓氏或改姓。

故事

白居易作诗

bái jū yì shì zhōng guó wén xué shǐ
白居易是中国文学史
shang fù yǒu shèng míng de xiàn shí zhǔ yì
上负有盛名的现实主义
shī rén， xiǎo shí hou jué dǐng cōng míng，
诗人，小时候绝顶聪明，
wǔ liù suì shí biàn xué xí xiě shī， jiǔ suì
五六岁时便学习写诗，九岁
shí jiù dǒng de shēng yùn。 èr shí suì yǐ
时就懂得声韵。二十岁以

佚名绘《历代名臣像》中的白居易画像

近代黄山寿绘《老妪解诗》，讲述白居易写诗通俗易懂，连上年纪的老婆婆都能理解的故事

hòu dú shū xué xí gèng jiā qín
后，读书学习更加勤
fèn hòu lái bái jū yì lái dào
奋。后来，白居易来到
cháng ān hòu dé dào zhù míng shī
长安后，得到著名诗
rén gù kuàng de shǎng shí zài tā
人顾况的赏识，在他
de tuī jiàn xià yì shí shēng míng
的推荐下，一时声名
dà zhèn
大震。

bái jū yì zuò shī bù jǐn qín
白居易作诗不仅勤
fèn ér qiě chuàng zuò tài dù fēi
奋，而且创作态度非
cháng yán sù tā zuò hǎo shī hòu
常严肃。他作好诗后，
bú dàn zì jǐ gǎi hái guǎng fàn tīng
不但自己改，还广泛听
qǔ bié rén de yì jiàn jù shuō bái
取别人的意见。据说白
jū yì měi xiě zuò yì shǒu shī dōu
居易每写作一首诗，都
xiān dú gěi yí wèi lǎo pó po tīng
先读给一位老婆婆听，
rú guǒ lǎo pó po tīng bu dǒng tā
如果老婆婆听不懂，他
jiù huì lì jí jìn xíng xiū gǎi huò
就会立即进行修改，或
zhě chóng xiě zhè yàng bái jū
者重写。这样，白居
yì de shī zǒng shì míng bai xiǎo chàng
易的诗总是明白晓畅，
shēn shòu lǎo bǎi xìng de xǐ ài
深受老百姓的喜爱。

lài
赖

历代名人

赖文俊：北宋国师，堪舆学家。
赖　镜：清朝画家。
赖文光：太平天国将领，捻军领袖。

姓氏溯源

赖姓主要有两种来源：一是出自姬姓，周武王将弟弟封于赖，春秋时为楚国所灭，其后代便以国为姓。二是出自姜姓，为炎帝时部落烈山氏的后代。

故事

高楼寨之战

高楼寨之战是赖文光率领捻军在山东菏泽高楼寨歼灭清军僧格林沁部的一次著名伏击战。1852年，在太平天国的影响下，安徽、河南、山东、江苏、湖北等地的捻党纷纷起义，有力地支持了太平

僧格林沁旧照

清宫廷画家绘《东捻军覆灭图》，描绘清军攻灭捻军、俘获赖文光的场景

tiān guó de dòu zhēng nián yǐ lài wén guāng wéi lǐng xiù gè dì niǎn jūn
天国的斗争。1864年，以赖文光为领袖，各地捻军
zǔ chéng yì zhī xīn niǎn jūn jì xù yǔ qīng jūn duì kàng
组成一支新捻军，继续与清军对抗。

dāng shí yǔ niǎn jūn zuò zhàn de qīng jūn tǒng shuài shì sēng gé lín qìn lài
当时，与捻军作战的清军统帅是僧格林沁。赖
wén guāng shǒu xiān zài xiāng yáng dǎ bài sēng jūn rán hòu huī shī běi shàng cóng hé nán
文光首先在襄阳打败僧军，然后挥师北上，从河南
jìn rù shān dōng lài wén guāng pài shǎo shù bù duì yǐn yòu sēng jūn xiàng gāo lóu zhài dì
进入山东。赖文光派少数部队引诱僧军向高楼寨地
qū shēn rù zhī hòu jiāng qí bāo wéi jīng guò jī zhàn jiān miè dà bù fen qīng jūn
区深入，之后将其包围，经过激战，歼灭大部分清军。
sēng gé lín qìn shuài shǎo shù rén mào sǐ tū wéi jié guǒ bèi niǎn jūn shā sǐ gāo lóu
僧格林沁率少数人冒死突围，结果被捻军杀死。高楼
zhài yí zhàn niǎn jūn quán jiān sēng gé lín qìn bù qī qiān yú rén gěi qīng jūn yǐ chén
寨一战，捻军全歼僧格林沁部七千余人，给清军以沉
zhòng de dǎ jī
重的打击。

lìn

蔺

历代名人

蔺相如：战国时赵国大臣，与廉颇齐名，智勇双全，至今仍有许多关于他的故事流传。

蔺　芳：明朝清官。

姓氏溯源

蔺姓来源比较单一，春秋时，赵国一位叫康的贵族被封在蔺地，他的子孙便以封地为姓。康的曾祖父是韩国的国君，是当时的一位名人。

故事

完璧归赵

zhàn guó shí
战国时，
qín zhāo xiāng wáng tīng
秦昭襄王听
shuō zhào guó dé dào
说赵国得到
hé shì bì hòu biàn
和氏璧后，便
pài shǐ zhě lái dào zhào
派使者来到赵
guó shuō yuàn yòng
国，说愿用
shí wǔ zuò chéng chí lái
十五座城池来

山东嘉祥武梁祠后壁画像《蔺相如完璧归赵》，描绘蔺相如手持玉璧，与秦王周旋的场景

换和氏璧。赵王不敢得罪秦王，又不愿交出和氏璧，一时间进退两难。这时，蔺相如站了出来，自告奋勇去秦国，并保证如果秦国不交城池，他就把玉璧完整地带回来。

蔺相如到达咸阳后，见秦王并不真心换玉璧，便要秦王沐浴斋戒后，才肯交出玉璧。在此期间，蔺相如派人从小路上偷偷地把玉璧送回赵国。秦王听说玉璧已返回赵国，十分生气，但觉得杀了蔺相如只会破坏两国的关系，便把他放了回去。蔺相如因这次出使秦国有功，被赵王封为上大夫。

清吴历绘《人物故事图册》之一，讲述蔺相如完璧归赵的故事

zhuāng

庄

历代名人

庄　周：战国时哲学家，其哲学思想达到很高的思维水平，对后世影响很大，著有《庄子》。

庄存与：清朝经学家、教育家，常州学派的开创者。

庄有可：清朝学者，博通经史。

姓氏溯源

庄姓主要有两种来源：一是出自芈姓，为春秋时楚国王族的后代。二是出自子姓，春秋时宋国国君宋戴公名叫武庄，其后人便以他的字为姓。

故事

庄周梦蝶

zhàn guó shí　zhù míng zhé xué jiā zhuāng
战国时，著名哲学家庄
zhōu zài dà bái tiān zuò le yí gè mèng　mèng
周在大白天做了一个梦，梦
jiàn zì jǐ biàn chéng yì zhī sè cǎi bān lán de
见自己变成一只色彩斑斓的
hú dié　piān piān fēi wǔ zài kāi mǎn xiān huā de
蝴蝶，翩翩飞舞在开满鲜花的
cǎo dì shang　zài gè zhǒng yán sè de huā duǒ
草地上，在各种颜色的花朵
jiān chuān suō　shì nà me qīng sōng　nà me
间穿梭，是那么轻松，那么
yú kuài　cǐ shí cǐ kè　tā gēn běn bù zhī
愉快。此时此刻，他根本不知

近代马骀绘《古今人物画谱》之《庄周梦蝶》

dào zì jǐ shì zhuāng zhōu wán quán chén jìn zài yì zhǒng xǐ yuè zhī zhōng hū rán
道自己是庄周，完全沉浸在一种喜悦之中。忽然，
zhuāng zhōu zhēng kāi yǎn jing dà chī yì jīng yí wǒ zěn me shì zhuāng zhōu ne
庄周睁开眼睛，大吃一惊：咦，我怎么是庄周呢？
gāng cái wǒ hái shi yì zhī hú dié ne yú shì tā kāi shǐ sī suǒ zhè yàng yí gè wèn
刚才我还是一只蝴蝶呢！于是他开始思索这样一个问
tí jiù wǒ gè rén lái jiǎng bù zhī shì zhuāng zhōu biàn chéng hú dié hái shi hú
题：就我个人来讲，不知是庄周变成蝴蝶，还是蝴
dié biàn chéng le zhuāng zhōu hòu lái rén men yòng cǐ yǔ bǐ yù pū shuò mí lí de
蝶变成了庄周？后来，人们用此语比喻扑朔迷离的
mèng jìng huò xū huàn de shì wù gǎn tàn rén shēng rú mèng biàn huà wú cháng
梦境或虚幻的事物，感叹人生如梦，变化无常。

元钱选绘《人物故事图册》中的《庄周梦蝶图》

yàn

晏

历代名人

晏　婴：春秋时齐国大夫，历仕灵公、庄公、景公三朝。后人将他的言行编成《晏子春秋》一书。

晏　殊：北宋词人，擅长小令。

晏幾道：北宋词人，晏殊之子，擅长小令。

姓氏溯源

晏姓主要有三种来源：一是出自姜姓，春秋时齐国著名的贤臣晏婴被后人尊为晏姓的始祖。二是出自陆终氏，为颛顼帝的后代。三是出自尧帝时大臣晏龙的后代。

故事

晏婴使楚

chūn qiū shí yàn yīng yǒu yí cì fèng
春秋时，晏婴有一次奉
mìng chū shǐ chǔ guó chǔ wáng jué de yàn yīng
命出使楚国。楚王觉得晏婴
gè zi ǎi xiǎng qǔ xiào tā yì fān yàn
个子矮，想取笑他一番。晏
yīng dào dá chǔ guó guó dū yǐng chéng shí shǒu
婴到达楚国国都郢城时，守
mén rén yào lǐng tā cóng yí gè xīn kāi de xiǎo
门人要领他从一个新开的小
mén jìn chéng yàn yīng míng bai chǔ wáng xiǎng
门进城。晏婴明白楚王想

清人绘《历代名臣像解》中的晏婴画像

wǔ rǔ tā biàn shuō zhè shì gǒu dòng chū shǐ gǒu guó de rén cái cóng zhè lǐ jìn
侮辱他，便说：“这是狗洞，出使狗国的人才从这里进
qù shǒu mén rén gǎn jǐn dǎ kāi dà mén qǐng yàn yīng jìn chéng yàn yīng jìn gōng
去。”守门人赶紧打开大门，请晏婴进城。晏婴进宫
hòu chǔ wáng shuō qí guó méi rén le ma zěn me pài nǐ zhè me yí gè ǎi
后，楚王说：“齐国没人了吗？怎么派你这么一个矮
rén lái chū shǐ yàn
人来出使？”晏
yīng dá dào wǒ men
婴答道：“我们
qí guó pài shǐ zhě chū fǎng
齐国派使者出访
yǒu gè guī ju fǎng wèn
有个规矩：访问
shàng děng guó pài shàng
上等国，派上
děng rén qù fǎng wèn xià
等人去；访问下
děng guó pài xià děng
等国，派下等
rén qù wǒ zuì méi chū
人去。我最没出
xi suǒ yǐ jiù pài wǒ
息，所以就派我
dào chǔ guó lái le
到楚国来了。”
chǔ wáng jué de yàn yīng
楚王觉得晏婴
jī zhì guò rén yú shì
机智过人，于是
duì tā gé wài zūn jìng qǐ
对他格外尊敬起
lái
来。

清罗聘绘《晏子使楚图》

wén

文

历代名人

文　种：春秋末年越国大夫，帮助勾践灭掉吴国。
文彦博：北宋大臣，历仕四朝，前后任事约五十年。
文天祥：南宋大臣、文学家。
文徵明：明朝书画家、文学家。

姓氏溯源

文姓来源比较复杂：一是出自姬姓，以周文王的谥号为姓。二是出自西周时卫国将军文子的后代。三是出自姜姓，为炎帝后裔姜文叔的后代。四是出自妫姓，为战国时孟尝君田文的后代。

故事

洞中取球

wén yàn bó shì běi sòng zhù míng
文彦博是北宋著名
de zǎi xiàng zì yòu cōng míng guò rén
的宰相，自幼聪明过人。
yǒu yì tiān tā hé xiǎo péng yǒu tī qiú
有一天，他和小朋友踢球
shí yí bù xiǎo xīn bǎ qiú tī jìn
时，一不小心，把球踢进
yí gè gǔ lǎo de shù dòng li yí gè
一个古老的树洞里。一个
xiǎo péng yǒu zì gào fèn yǒng de luō qǐ yī
小朋友自告奋勇地捋起衣

清人绘《历代名臣像解》中的文彦博画像

xiù shēn zi fú zài dòng kǒu jiāng shǒu bì shēn dào dòng li kě nà dòng tài shēn
袖，身子伏在洞口，将手臂伸到洞里，可那洞太深，
zěn me yě gòu bu dào qiú yòu yǒu yí gè xiǎo péng yǒu ná lái yì gēn cháng cháng de
怎么也够不到球。又有一个小朋友拿来一根长长的
zhú gān kě nà dòng wān wān qū qū zěn me yě tàn bu dào dǐ lìng wài jǐ gè
竹竿，可那洞弯弯曲曲，怎么也探不到底。另外几个
xiǎo péng yǒu gān cuì qù jiào dà ren kě dà ren yě xiǎng bu chū hǎo de bàn fǎ lái
小朋友干脆去叫大人，可大人也想不出好的办法来。

zhè shí wén
这时，文
yàn bó shuō dà
彦博说：“大
jiā dōu qù ná tǒng
家都去拿桶
hé pén yòng shuǐ
和盆，用水
lái guàn qiú jiù kě
来灌，球就可
yǐ qǔ chū lái le
以取出来了！”
xiǎo péng yǒu dōu àn
小朋友都按
zhào tā de yāo qiú qù
照他的要求去
zuò guǒ rán qǔ chū
做，果然取出
le dòng zhōng de qiú
了洞中的球。
dà jiā qí shēng huān
大家齐声欢
hū dōu kuā wén yàn
呼，都夸文彦
bó cōng míng
博聪明。

清焦秉贞绘《百子团圆图》之一，描绘儿童嬉戏的场景

sī mǎ

司马

历代名人

司马迁：西汉史学家、文学家、思想家，所著《史记》是中国第一部纪传体通史。

司马相如：西汉辞赋家，其赋对后人影响较大。

司马光：北宋大臣、史学家，主编的《资治通鉴》在官修史书中地位重要。

姓氏溯源

司马复姓主要有两种来源：一是出自西周时的官职，那时有个叫程伯休父的人，官至司马，掌管国家的军队，立有大功，周宣王赐他以官职为姓。二是出自他姓改姓。

故事

砸缸救人

清寿松图制《司马光击瓮图墨》

sī mǎ guāng shì běi sòng zhèng zhì jiā shǐ xué
司马光是北宋政治家、史学
jiā cóng xiǎo cōng huì guò rén ér qiě xué xí kè
家，从小聪慧过人，而且学习刻
kǔ sù yǒu shén tóng zhī chēng sī mǎ guāng
苦，素有“神童”之称。司马光
hái fù yǒu cái zhì qiān bǎi nián lái yì zhí liú chuán zhe
还富有才智，千百年来一直流传着

明仇英绘《独乐园图》（局部），描绘司马光在自己的花园（独乐园）中享受清静生活的场景

tā zá gāng jiù rén de gù shi
他砸缸救人的故事。

xiāng chuán yǒu yì tiān sī mǎ guāng hé tóng bàn men zài huā yuán li wán zhuō
相传有一天，司马光和同伴们在花园里玩捉
mí cáng de yóu xì yí gè xiǎo hái bù xiǎo xīn diào jìn shuǐ gāng li zài chǎng de hái
迷藏的游戏，一个小孩不小心掉进水缸里。在场的孩
zi zhèng wán de xìng gāo cǎi liè bèi zhè tū rú qí lái de biàn gù xià dāi le yǎn
子正玩得兴高采烈，被这突如其来的变故吓呆了，眼
kàn nà ge hái zi jiù yào bèi yān sǐ zài gāng li zhè shí sī mǎ guāng jí zhōng
看那个孩子就要被淹死在缸里。这时，司马光急中
shēng zhì cóng yuàn zi li bān lái yí kuài dà shí tou měng de xiàng gāng de dǐ bù
生智，从院子里搬来一块大石头，猛地向缸的底部
zá qù shuǐ gāng bèi zá pò gāng li de shuǐ liú guāng hòu nà ge hái zi zhōng
砸去。水缸被砸破，缸里的水流光后，那个孩子终
yú dé jiù le dà jiā wéi zài sī mǎ guāng shēn biān dōu kuā tā jī zhì cōng míng
于得救了。大家围在司马光身边，都夸他机智聪明。

zhū gě

诸葛

历代名人

诸葛亮：三国时蜀汉政治家、军事家。
诸葛瑾：三国时东吴谋士。
诸葛恪：三国时东吴将军，诸葛瑾之子。

姓氏溯源

诸葛复姓出自汉代。夏朝时，有个葛国，葛国的后人形成了葛姓。汉朝时，有个叫葛丰的人被封在诸地，人们都叫他诸葛丰，诸葛丰的后人便世代姓诸葛。

清缂丝人物图《草船借箭》，描绘诸葛亮和鲁肃坐在船中饮酒，曹兵正往船上射箭的场景

故事

草船借箭

sān guó shí sūn liú lián jūn yǔ cáo cāo
三国时，孙刘联军与曹操
zài chì bì duì zhì dāng shí zhū gě liàng
在赤壁对峙。当时，诸葛亮
lái dào dōng wú xié tiáo lián hé pò cáo de shì
来到东吴，协调联合破曹的事
yí dōng wú dū du zhōu yú jì du zhū gě
宜。东吴都督周瑜忌妒诸葛
liàng de cái huá zǒng xiǎng shè fǎ chú diào tā
亮的才华，总想设法除掉他。
yì tiān tā jiè kǒu shuǐ shang jiāo zhàn xū yào
一天，他借口水上交战需要

yòng jiàn ràng zhū gě liàng zài shí tiān zhī nèi zào chū shí wàn zhī jiàn fǒu zé jiù yào
用箭，让诸葛亮在十天之内造出十万支箭，否则就要
shòu chǔ fá bú liào zhū gě liàng què shuō tā zhǐ xū yào sān tiān jí kě bìng dāng
受处罚。不料诸葛亮却说他只需要三天即可，并当
chǎng lì xià jūn lìng zhuàng wán bu chéng rèn wu gān yuàn shòu fá
场立下军令状，完不成任务甘愿受罚。

dì sān tiān jiāng shang màn tiān dà wù wǎn shang zhū gě liàng zuò zài zā
第三天，江上漫天大雾，晚上，诸葛亮坐在扎
mǎn cǎo rén de chuán shang yì biān yǔ lǔ sù yǐn jiǔ yì biān mìng shì bīng léi gǔ
满草人的船上，一边与鲁肃饮酒，一边命士兵擂鼓
nà hǎn cáo cāo yǐ wéi sūn liú lián jūn lái jié yíng yīn wèi wù dà pà zhòng mái
呐喊。曹操以为孙刘联军来劫营，因为雾大怕中埋
fú biàn mìng rén kāi gōng fàng jiàn zhū gě liàng yòng zhè zhǒng bàn fǎ yí yè
伏，便命人开弓放箭。诸葛亮用这种办法，一夜
zhī jiān cóng cáo cāo nà lǐ jiè le shí wàn duō zhī jiàn zhōu yú tīng lǔ sù jiǎng
之间从曹操那里“借”了十万多支箭。周瑜听鲁肃讲
wán jiè jiàn de jīng guò bù yóu de gǎn tàn dào zhū gě liàng shén jī miào suàn
完借箭的经过，不由得感叹道：“诸葛亮神机妙算，
wǒ bù rú tā
我不如他。”

清沈铨绘《草船借箭图》，描绘诸葛亮借着大雾，在曹营外借箭的场景

百家姓

zhào	qián	sūn	lǐ	zhōu	wú	zhèng	wáng	féng	chén	chǔ	wèi
赵	钱	孙	李	周	吴	郑	王	冯	陈	褚	卫
jiǎng	shěn	hán	yáng	zhū	qín	yóu	xǔ	hé	lǚ	shī	zhāng
蒋	沈	韩	杨	朱	秦	尤	许	何	吕	施	张
kǒng	cáo	yán	huà	jīn	wèi	táo	jiāng	qī	xiè	zōu	yù
孔	曹	严	华	金	魏	陶	姜	戚	谢	邹	喻
bǎi	shuǐ	dòu	zhāng	yún	sū	pān	gě	xī	fàn	péng	láng
柏	水	窦	章	云	苏	潘	葛	奚	范	彭	郎
lǔ	wéi	chāng	mǎ	miáo	fèng	huā	fāng	yú	rén	yuán	liǔ
鲁	韦	昌	马	苗	凤	花	方	俞	任	袁	柳
fēng	bào	shǐ	táng	fèi	lián	cén	xuē	léi	hè	ní	tāng
酆	鲍	史	唐	费	廉	岑	薛	雷	贺	倪	汤
téng	yīn	luó	bì	hǎo	wū	ān	cháng	yuè	yú	shí	fù
滕	殷	罗	毕	郝	邬	安	常	乐	于	时	傅
pí	biàn	qí	kāng	wǔ	yú	yuán	bǔ	gù	mèng	píng	huáng
皮	卞	齐	康	伍	余	元	卜	顾	孟	平	黄
hé	mù	xiāo	yǐn	yáo	shào	zhàn	wāng	qí	máo	yǔ	dí
和	穆	萧	尹	姚	邵	湛	汪	祁	毛	禹	狄
mǐ	bèi	míng	zāng	jì	fú	chéng	dài	tán	sòng	máo	páng
米	贝	明	臧	计	伏	成	戴	谈	宋	茅	庞

xióng	jǐ	shū	qū	xiàng	zhù	dǒng	liáng	dù	ruǎn	lán	mǐn
熊	纪	舒	屈	项	祝	董	梁	杜	阮	蓝	闵
xí	jì	má	qiáng	jiǎ	lù	lóu	wēi	jiāng	tóng	yán	guō
席	季	麻	强	贾	路	娄	危	江	童	颜	郭
méi	shèng	lín	diāo	zhōng	xú	qiū	luò	gāo	xià	cài	tián
梅	盛	林	刁	钟	徐	邱	骆	高	夏	蔡	田
fán	hú	líng	huò	yú	wàn	zhī	kē	zǎn	guǎn	lú	mò
樊	胡	凌	霍	虞	万	支	柯	昝	管	卢	莫
jīng	fáng	qiú	miào	gān	xiè	yīng	zōng	dīng	xuān	bēn	dèng
经	房	裘	缪	干	解	应	宗	丁	宣	贲	邓
yù	shàn	háng	hóng	bāo	zhū	zuǒ	shí	cuī	jí	niǔ	gōng
郁	单	杭	洪	包	诸	左	石	崔	吉	钮	龚
chéng	jī	xíng	huá	péi	lù	róng	wēng	xún	yáng	yū	huì
程	嵇	邢	滑	裴	陆	荣	翁	荀	羊	於	惠
zhēn	qū	jiā	fēng	ruì	yì	chǔ	jìn	jí	bǐng	mí	sōng
甄	麴	家	封	芮	羿	储	靳	汲	邴	糜	松
jǐng	duàn	fù	wū	wū	jiāo	bā	gōng	mù	wěi	shān	gǔ
井	段	富	巫	乌	焦	巴	弓	牧	隗	山	谷
chē	hóu	fú	péng	quán	xī	bān	yǎng	qiū	zhòng	yī	gōng
车	侯	宓	蓬	全	郗	班	仰	秋	仲	伊	宫
nìng	qiú	luán	bào	gān	tǒu	lì	róng	zǔ	wǔ	fú	liú
宁	仇	栾	暴	甘	钭	厉	戎	祖	武	符	刘
jǐng	zhān	shù	lóng	yè	xìng	sī	sháo	gào	lí	jì	bó
景	詹	束	龙	叶	幸	司	韶	郜	黎	蓟	薄
yìn	sù	bái	huái	pú	tái	cóng	è	suǒ	xián	jí	lài
印	宿	白	怀	蒲	邰	从	鄂	索	咸	籍	赖
zhuó	lìn	tú	méng	chí	qiáo	yīn	yù	xū	nài	cāng	shuāng
卓	蔺	屠	蒙	池	乔	阴	郁	胥	能	苍	双

wén shēn dǎng zhái　tán gòng láo páng　jī shēn fú dǔ
闻莘党翟　谭贡劳逄　姬申扶堵

rǎn zǎi lì yōng　xì qú sāng guì　pú niú shòu tōng
冉宰郦雍　郤璩桑桂　濮牛寿通

biān hù yān jì　jiá pǔ shàng nóng　wēn bié zhuāng yàn
边扈燕冀　郏浦尚农　温别庄晏

chái qú yán chōng　mù lián rú xí　huàn ài yú róng
柴瞿阎充　慕连茹习　宦艾鱼容

xiàng gǔ yì shèn　gē liào yǔ zhōng　jì jū héng bù
向古易慎　戈廖庾终　暨居衡步

dū gěng mǎn hóng　kuāng guó wén kòu　guǎng lù què dōng
都耿满弘　匡国文寇　广禄阙东

ōu shū wò lì　yù yuè kuí lóng　shī gǒng shè niè
欧殳沃利　蔚越夔隆　师巩厍聂

cháo gōu áo róng　lěng zī xīn kàn　nā jiǎn ráo kōng
晁勾敖融　冷訾辛阚　那简饶空

zēng wú shā niè　yǎng jū xū fēng　cháo guān kuǎi xiàng
曾毋沙乜　养鞠须丰　巢关蒯相

zhā hòu jīng hóng　yóu zhú quán lù　gě yì huán gōng
查後荆红　游竺权逯　盖益桓公

mò qí sī mǎ　shàng guān ōu yáng　xià hóu zhū gě
万俟司马　上官欧阳　夏侯诸葛

wén rén dōng fāng　hè lián huáng fǔ　yù chí gōng yáng
闻人东方　赫连皇甫　尉迟公羊

tán tái gōng yě　zōng zhèng pú yáng　chún yú chán yú
澹台公冶　宗政濮阳　淳于单于

tài shū shēn tú　gōng sūn zhòng sūn　xuān yuán líng hú
太叔申屠　公孙仲孙　轩辕令狐

zhōng lí yǔ wén　zhǎng sūn mù róng　xiān yú lǘ qiū

钟离宇文　长孙慕容　鲜于闾丘

sī tú sī kōng　qí guān sī kòu　zhǎng dū zǐ jū

司徒司空　亓官司寇　仉督子车

zhuān sūn duān mù　wū mǎ gōng xī　qī diāo yuè zhèng

颛孙端木　巫马公西　漆雕乐正

rǎng sì gōng liáng　tuò bá jiā gǔ　zǎi fǔ gǔ liáng

壤驷公良　拓跋夹谷　宰父穀梁

jìn chǔ yán fǎ　rǔ yān tú qīn　duàn gān bǎi lǐ

晋楚闫法　汝鄢涂钦　段干百里

dōng guō nán mén　hū yán guī hǎi　yáng shé wēi shēng

东郭南门　呼延归海　羊舌微生

yuè shuài gōu kàng　kuàng hòu yǒu qín　liáng qiū zuǒ qiū

岳帅缑亢　况后有琴　梁丘左丘

dōng mén xī mén　shāng móu shé nài　bó shǎng nán gōng

东门西门　商牟佘佴　伯赏南宫

mò hǎ qiáo dá　nián ài yáng tóng　dì wǔ yán fú

墨哈谯笪　年爱阳佟　第五言福

bǎi jiā xìng zhōng

百家姓终

图书在版编目（CIP）数据

百家姓 / 石延博编著. -- 北京：天天出版社,2023.8

（国学里的中国）

ISBN 978-7-5016-2104-0

Ⅰ.①百… Ⅱ.①石… Ⅲ.①古汉语—启蒙读物 Ⅳ.①H194.1

中国国家版本馆CIP数据核字(2023)第097430号

责任编辑：温艾凝 **美术编辑：**曲 蒙

责任印制：康远超 张 璞

出版发行：天天出版社有限责任公司

地址：北京市东城区东中街 42 号 **邮编：**100027

市场部：010-64169902 **传真：**010-64169902

网址：http://www.tiantianpublishing.com

邮箱：tiantiancbs@163.com

印刷：河北环京美印刷有限公司 **经销：**全国新华书店等

开本：710×1000 1/16 **印张：**12

版次：2023 年 8 月北京第 1 版 **印次：**2023 年 8 月第 1 次印刷

字数：120 千字

书号：978-7-5016-2104-0 **定价：**39.00 元